マネジャーのための
ケーススタディ
ブック

もし、あなたが
マネジャーだったら
どうする？

内山 力 著

はじめに

　ある一流企業でマネジャー養成教育をやっていた。受講生は全員が第一線のトッププレイヤーたちである。会社の業績は悪くなく、座っている人たちの表情も明るく、今の仕事も楽しそうである。
　講師は進めていくうちに、受講生の反応に何となく違和感を覚えた。
「この人たち、もしかして今やっている仕事にしか興味がないのでは…」
　そこで講師は"まさか"とは思ったが、簡単な質問をしてみた。
「CSRって聞いたことあるよね」
　10人いた受講生に、端から順に聞いていくと「知りません」「聞いたことがあるような、ないような」と9人が答えた。そして最後の1人は人事部で採用を担当している女性だった。
「知っています。何の略かは忘れましたが、たしか社会責任かなんかですよね。最近、採用の面接で、よく学生に『御社のCSRに対する考え方は？』なんて聞かれるので、覚えてしまいました」
　そこには人材育成部門のマネジャーもいたが、あんぐりと口をあけたまま呆然としていた。講師はこの時思った。
「本当にこの人たちは、この一流企業のマネジャーとして、これから入ってくる優秀な若者たちをマネジメントしていけるのだろうか…」

　日本企業はここ10数年で大きな変身を遂げた。真っ先に変身したのは経営、なかでも「企業と社会との関係」だった。ここでのキーワードが先ほどのCSRであり、コーポレートガバナンスであり、M&Aであり、アライアンスである。
　これと重なる形で、次なる変身の対象となったのが組織である。事業再編に伴う組織リストラクチャリングであり、執行役員制導入であり、組織階層のフラット化である。そしてこの変身も多くの企業で終わりを遂げようとしている。
　経営モデル、組織という新しいハードウェアができても、ソフトウェアたる

マネジメントがついていけない。組織最下位のプレイヤー層は何も変わっていないので、現場には変身の実感がない。一方で経営はその中の若手トッププレイヤーをマネジャーへとどんどん昇格させている。

しかしこの新しい経営モデル、新しい組織の中で活躍すべき"新しいマネジャー"は、いったいどこで何を学べばよいのだろうか。過去のマネジメントを捨てて、この若者たちが"新しいマネジメント"をとらなくてはならないのはわかる。しかし過去のマネジメントを受けたことはあっても、やったこともない人がどうやって"新しいマネジメント"を作っていけばよいのだろうか。

私はそう思って、クライアントの企業内にこの"新しいマネジャー"を養成するための塾を作ってきた。その塾の中心はケーススタディという古くて新しい学習方法である。ケースを通して「自分がマネジャーだったら、この状況ではどう行動しただろうか」を考えさせ、自分たちが目指す「新しいマネジメントスタイル」を作り上げてもらうものだ。

しかし私の体は1つである。私1人で養成できるマネジャーの人数なんて"たか"が知れている。そこでたどりついたのが本書である。本書の中身は36のケースであり、すべて実話がベースとなっている。マネジメントの現場で実際に起きた話である。変革期にある企業の「夢多きマネジャー予備軍」、そして「悩み多き現役マネジャー」が、先輩たちのマネジメントの実例を通して、"新しいマネジメント"を学び、そして考えてほしい。これが本書の"狙い"、というよりも"願い"である。

本書を執筆するにあたり、㈱同友館出版部長鈴木良二氏にはさまざまなアドバイス、そして協力をいただいた。ここに感謝の意を表したい。

本書は同氏と進めてきた『企業の見方』(同友館、2006年12月)、『まわりから「仕事ができるね」と言われたい』(同友館、2007年9月)に続く、ビジネスノウハウシリーズ第3弾として位置づけられるものである。

2008年7月　　　　　　　　　　　　　　㈱MCシステム研究所　内山　力

マネジャーのためのケーススタディブック 目次

プロローグ 7

シーン1 マネジャーになる 19
- ケース1　誰をマネジャーにするか　20
- ケース2　マネジャーに抜擢された　24
- ケース3　企業理念にはどんな意味があるのだろう　28
- ケース4　戦略が納得できない　32
- ケース5　セキュリティ強化策が打ち出された　36
- ちょっとひとやすみ　「マネジャーやるなら良い環境でやりたい」　40

シーン2 マネジメントサイクルを実行する 41

- ケース6　合併プロジェクトのリーダーになった　42
- ケース7　新しい売場を作りたい　46
- ケース8　改善を提案する　52
- ケース9　費用対効果を計算する　56
- ちょっとひとやすみ 「マネジャーにもいろいろなタイプがいる」 60
- ケース10　報告書を提出する　61
- ケース11　改善をがんばった　66
- ちょっとひとやすみ 「マネジャーは職種によって、まったくちがう仕事」 70

シーン3 目標を達成する 71

- ケース12　工数を見積る　72
- ケース13　売上目標が降りてきた　76
- ケース14　アンケートの目標を何とするか　80
- ケース15　予算が達成できない　84
- ケース16　目標は売上か、粗利か　88
- ちょっとひとやすみ 「これから会社のコミュニケーションはどうなっていくのだろう」 92

シーン4 部下をマネジメントする 93

- ケース17　リーダーシップって何？　94
- ケース18　最近の若いやつはやる気がない　98
- ケース19　秩序が乱れている？　102
- ケース20　女性のマネジャーを作るべきか　106
- ケース21　人が人を評価する難しさ　110
- ちょっとひとやすみ 「マネジャーの給与はこれからどうなる」 114

部下を育成する 115
- ケース22 教育の基本はOJTかOff-JTか 116
- ケース23 セールス力 120
- ケース24 OJT指導員を誰にするか 124
- ケース25 教育の方針を決めなくては 128
- ケース26 教育を評価する 132
- ちょっとひとやすみ 「経営者になるマネジャー、ならないマネジャー」 136

トラブルに対応する 137
- ケース27 なぜやめてしまうのだろう 138
- ケース28 異物混入がマスコミで報道された 142
- ケース29 コールセンターがつながらない 146
- ケース30 重大なクレームが発生した 150
- ちょっとひとやすみ 「ポテンシャル評価をやってみて」 154
- ケース31 欠品してしまった 155

組織の一員として行動する 161
- ケース32 となりの部門が協力してくれない 165
- ケース33 マネジャーの知識 166
- ちょっとひとやすみ 「マネジャーに関する素朴な疑問」 170
- ケース34 情報を共有する 171
- ケース35 スタッフの上司は誰か 176
- ケース36 なぜエコ運動なんてやるんだろう 180

エピローグ…あなたのマネジャー能力を診断します 185
  マネジャー能力診断のやり方 186
  マネジャー能力診断チャート 198

プロローグ

その1…本書のコンセプト

　まずは本書のテーマといえるマネジメントについて考えてみよう。

マネジメントという言葉の意味は？
　マネジメントとは考えてみると不思議な和製英語である。各人がそれぞれの定義で、自由にこのマネジメントという言葉を使っている。
　英語のmanagementを辞書で引いてみると、大きく3つの意味が書いてある。
　1つ目は操作、取り扱い、処理、監督、駆け引きといったもので、これが元々の"英語"としての意味であろう。
　2つ目が経営、管理、経営管理といったもので、ビジネス社会に限られた意味である。日本で「マネジメント」といえば、この意味"あたり"を指すことが多い。本書でももちろん"このあたり"がターゲットとなる。
　3つ目が管理者、経営者といったもので、マネジメントを行う人という意味である。本書ではこの3つ目のマネジメントはマネジャーと表現する（ただし経営者はそのまま「経営者」と日本語で表す）。

マネジメントの歴史を考えてみる
　本書の対象である2つ目の"ビジネスにおけるマネジメント"は、時とともにその意味を大きく変化させてきた。マネジメントを"きちんと"定義するために、その歴史をざっと紐解いてみよう。

　欧米で経済学を理論的バックボーンとして、資本主義というイデオロギーが生まれた。「資本（カネ、設備、土地…）を持った資本家が、労働者から労働力を買い（！）、これと自分の持つ資本を組み合わせて、財を生産することで利益を得る」というのが資本主義である。この資本主義を支える組織体として

企業という概念が生まれる。

　この企業において、資本家がその労働力をうまく「操作、取扱い、処理、監督」（マネジメントの「辞書の第1の意味」）する技術、ノウハウとして「ビジネスにおけるマネジメント」は生まれる。つまり「**マネジメント＝資本家**」の時代である。

　そして企業のスタンダードスタイルとして株式会社という仕組が生まれる。この仕組において、資本家はカネを出す"だけ"の存在となり、「株主」とよばれるようになる。こうして資本家（株主）から経営という仕事が分離し、経営のプロとしての経営者が誕生する。当然のように「**マネジメント＝経営**」の時代となる。

　さらに証券市場の誕生で、株主は企業から離脱し、投資家（もうかるところにカネを出す。もうからなければ株を売る）という存在となる。ここであわせて経営から管理という仕事が分離する。経営の仕事は「投資家という株主から得たカネでさまざまな経営資源（ヒト、モノ、カネ…）を調達し、組織の中にうまく配分し、利益を生み、これを株主に還元していく」ことになる。

　一方"管理"という仕事は「配分された経営資源をうまく使っていく」ことである。この時「**マネジメント＝管理**」となり、経営はデシジョン（資源配分を決定するという意味）とよばれるようになる。

　こうして経営（デシジョン）、管理（マネジメント）、業務（オペレーション：ヒトがモノなどを使って実際に仕事をする）という3層が生まれ、現代企業の原型を生んだ。

　本書ではこの3層の担当者をそれぞれ経営者、マネジャー、プレイヤーと表現する。プレイヤーは同じ仕事をする人がチームとなり、そのチームリーダー

にはマネジャーがなる。この"チーム"をイメージする時、本書ではプレイヤーをメンバーと表現する。またこの時マネジャーとメンバーはチーム内では指揮・命令関係（「この仕事をしなさい」）となる。この"関係"をイメージする時、本書ではマネジャー・メンバーを上司・部下と表現する。

日本型マネジメントの誕生

　日本には「マネジメント＝経営」の時代に、すでにマネジメントという考え方は欧米から輸入されていた。それが島国日本というクローズドな世界で、独特の進化を遂げ、**経営家族主義**とよばれる**日本型マネジメント**を生む。

　株主（資本家）、経営者という分離された立場ではなく、"創業オーナーとしての経営者"が何の仕事もできない従業員を雇い（場合によっては「お願いして働いてもらい」）、育て、その能力や働きによってランキングし（「でっち、番頭、大番頭」「係長、課長、部長」といった上下関係）、「出世」という階段を作り、それに応じて給与を"支払う"という経営モデルである。

　ここに欧米型マネジメントとは、少し異なった3層構造を生む。経営者、管理職、従業員というものである。

　経営者は株主からの委任という形ではなく、企業の支配者として君臨し、企業という"家族"の家長として絶対的な権限を持つ。

　管理職は従業員を「管理する」というよりも、従業員ランキングの上位者であり、従業員とはシームレスな関係（どこまでが従業員で、どこからが管理職かがわからない）となっていく。労働法の想定するような「経営者に代わって労働者を管理する使用者（そのため労働組合には入れない）」と「労働者」という構造ではない。

　企業は家族であり、ここでの「マネジメント＝経営」の基本は「温情」である。この温情は経営者から管理職を通して全従業員に浸透し、「上司は部下をかわいがり、部下は上司を尊敬する」という日本的企業文化を築き上げる。

日本型マネジメントモデルの完成

　さらに企業が大きくなっていく中で、経営者もオーナーだけでは足らなくなってくる。そのためここに従業員、管理職という階段を昇って出世してくる「サラリーマン経営者」が生まれる。これによって企業内は経営者も含めて完全にシームレスとなる。すなわち日本の大企業は成長していく過程の中で、従業員が年とともに組織のトップにまで出世していく「従業員がすべて」という企業へといつの間にか変わっていく。

　ここに日本型マネジメントはモデル（標準的なやり方のこと）として完成されることになる。

　このモデルにおいてはセールスマンが営業課長に出世しても、「管理職になった」という"感じ"ではなく、「先輩として後輩の面倒を見ながら共同でセールスという仕事を行う」という"感じ"である。さらに営業担当取締役という経営者に出世しても、仕事はそれほど変わらず、社内のすべての顧客をセールスマンたちと共同で担当していく"感じ"である。

　この**日本型マネジメントモデル**は企業の"成長"という過程において、"一致団結"という驚くべきパワーを生み（新入社員が勤めている会社を「わが社」と言い）、ついに日本企業は世界チャンピオンにまで昇りつめる。

　この世界チャンピオンの座が、本来は上場によって変革していくはずのマネジメントを保守する。上場して証券市場と関わりあうようになっても、欧米型マネジメントモデル（経営＝デシジョン、管理＝マネジメント）を取り入れることはない。上場しながらも"株主なき企業"として日本型マネジメントモデルを持ち続ける。

マネジャーが誕生する

　しかし20年前のバブル崩壊が日本企業を一変させる。企業が成長していくに

はもっとも適切だと思われた"従業員一体型企業"は、業績が下降、安定していく中で、その矛盾を露呈させる。それは証券市場という外部との関係である。投資家、株主で構成される証券市場は、実は「現実とは完全にかけ離れてしまった法律」（これは欧米型マネジメントモデルをイメージして作られている）というルールを駆使し、成長が止まり、世界チャンピオンの座を降りていく弱体化した日本企業に対し、コーポレートガバナンス（「会社は株主のもの」）を訴える。

こうした中で、この投資家、株主、証券市場と「相対する人」が必要となり、当然のように経営者がこれに当たることになる。シームレスの企業モデルからトップが抜けていくことであり、内部は混乱してしまう。

そしてここに「株主をはじめとする"外"を見なくてはならなくなった経営者」と「何も変わっていない内部のプレイヤー」の間に、マネジメントという仕事を担当する人がどうしても必要となる。この時彼らは管理職ではなくマネジャーといわれるようになる。

このマネジャーはオペレーション（セールスなら「売る」）ではなく、マネジメントという新しい仕事を担当するのだから、シームレスな出世階段のランキングである「従来の管理職」とは全くといってよいほど異なる仕事となる。

そしてこれが企業に革命を起こすはずである。

新日本型実践的マネジメントモデルへと進化する

しかし日本ではこれまでと同様に、欧米型のマネジメント、マネジャーの考え方（グローバルスタンダードと表現する人もいるが、グローバルは言いすぎだと思う）を取り入れながらも、いつの間にか**新日本型実践的マネジメントモデル**ともいうべきものを、ゆっくりと作り上げていく。

新日本型実践的マネジメントモデルは、欧米型マネジメントモデルのように

大学教授が机上でいくつかの新しいマネジメントモデルを提案し、これを実践していく中でサクセスカンパニー（業績が向上した会社という意味）が生まれ、それを他社がベンチマーキングする（マネしていく）というものではない。日本における多くのエクセレントカンパニー（優れた会社という意味）が、外国のマネジメント論を「机上で学習」（実際に取り入れるのではなく）しながらも、自社に合った形にこれを変えて、少しずつ試行錯誤していくうちにいつの間にか1つにまとまった実践的モデルである。

　本書は彼らが作り上げた新日本型実践的マネジメントモデル（以降本書ではこれをマネジメントとよぶ）を理解するためのものであり、その試行錯誤のプロセスを学習すべく、ケーススタディ方式で書かれている。彼らがぶつかったマネジメントの局面、局面でどのように考えたか、どのように理論づけしたか、そしてどのようにそれをモデリングしていったのかを、ケースという形で疑似体験してもらおうというものである。

その2…本書の使い方

ここで本書の使い方を解説しておこう。

マネジメントをシーンで考える

マネジメントの対象は大きく5つに分けられる。

① 経営者とのインターフェース
② 仕事のマネジメント
③ 部下のマネジメント
④ トラブルのマネジメント
⑤ 組織のマネジメント

　本書はこの5対象によってもたらされる"さまざまなマネジメントシーン"において、マネジャーがどう対応していくべきかを考えるものである。
　この5対象の中でその中核であり、マネジャーが悩むことが多いものは、②**仕事のマネジメント**と③**部下のマネジメント**である。そこで本書では、②の中からそのもっとも大切な部分として「**経営者から与えられた目標を達成する**」というシーンを抜き出し、同様に③の中から「**部下を育成する**」というシーンを抜き出して、7つのシーンに分けてケースを提示した。

　その構造をフロー図で表すと次のようになる。

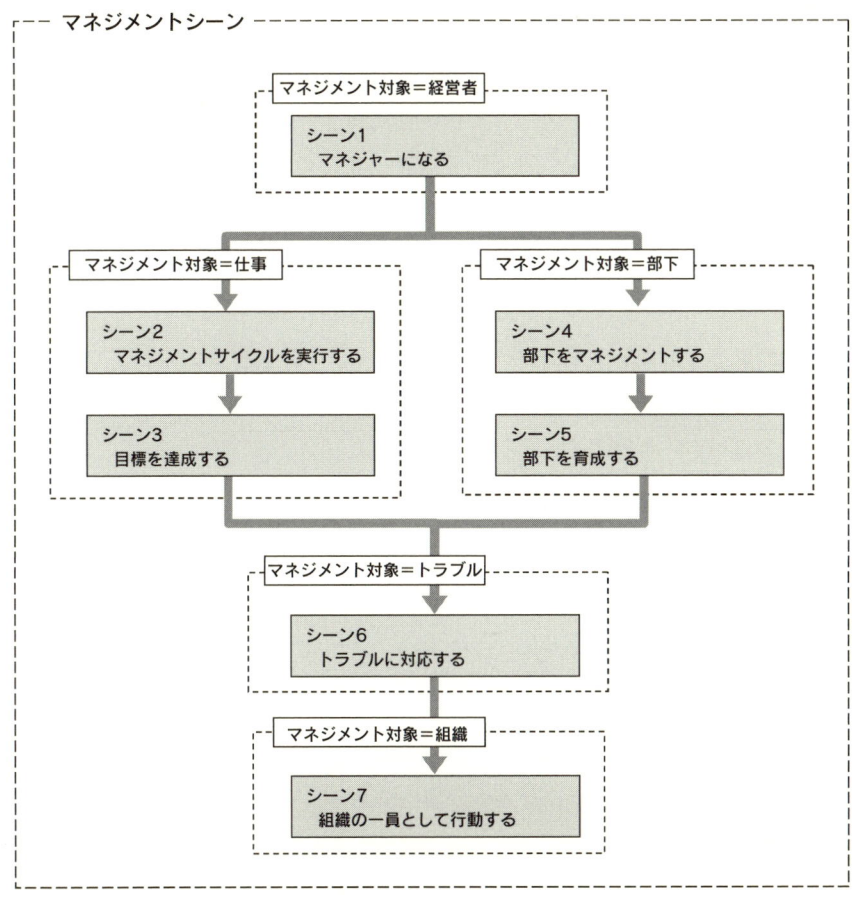

　各シーンはそれぞれ5～6ケースから成り立っている。そしてメーカー（消費財メーカー）、流通業（小売）、サービス業（ITベンダー）という典型的な3業種の会社をその舞台としている。そしてこの3つの会社はそれぞれ「変革」、「合併」、「新事業開発」という経営テーマに取り組んでいる。
　しかしマネジメントはこの舞台、経営テーマに依存するものではない。ただケースをわかりやすく解説するために、3つの舞台、経営テーマを用いただけ

である。

　マネジメントは、どうしてもケース・バイ・ケース（出たとこ勝負）で対応していくものと考えてしまうが、それは誤りである。マネジメントだって仕事なのだから、モデルとしてその"標準的な方法"を考えておく必要がある。野球でいえばメンバー、対戦相手に依存せず、前もって打順の決め方（1番は足の早い人、2番はバントのうまい人…）、守備のやり方、コーチの仕方を標準的な方法論として考えておく必要がある。これがマネジメントモデルである。このモデルなくして、マネジャーがいくらマネジメントをやっても"ちっともうまくならない"。

マネジメントの原理・原則をケースで知る

　各ケースは2〜4ページでその状況を説明している。読者の方は自分がそのケースの主人公であるマネジャーとなり、「自分ならどう対応するか」を考え、A〜Dの4つの選択肢から選んでほしい。

　そのうえで解説を読んでほしい。解説にはマネジメントの原理・原則（正確にいうと先ほどの新日本型実践的マネジメントモデル）に基づいて行動すると、どういう選択肢をとることになるかが書いてある。この解説に書いてあることは、決してこういう対応をとると「良い結果を生む」という"定石"が書いてあるわけではない。日本の最先端を行くエクセレントカンパニー（マネジメントを真剣に考えるという意味で）が実践的に生み出した原理・原則に基づくと「こうなる」というものである。

　この原理・原則を学んでもらうことが本書の主旨であり、それによって現役マネジャー、マネジャー予備軍の方が、自らのマネジメント力を高めてほしいと考えている。

自分でマネジャー能力診断をやろう

　本書はケーススタディで学習するだけでなく、自分のマネジャーとしての能力を診断できるようになっている。別添 CD-ROM にあるエクセルシートに、36のケースで自分が選んだ選択肢を入れれば、あなたのマネジャーとしての各能力の評価点と評価コメントが出力されるようになっている。

　パソコンが手許にない人は、自分の選択肢をどこかにメモしておいてほしい。その上で各シーンの点数を積み上げて、エピローグにある自分の点数に対する評価コメントを読んでほしい。

　また私がこれまでいろいろな会社で見たマネジャー、マネジメントのシーンをコラムとして、本文の間にいくつか載せている。ケーススタディの合間に"一休み"として力を抜いて"軽く"読んでほしい。

　さあ、あなたもマネジャーになって、ケースにぶつかっていこう。

シーン 1

マネジャーに なる

ケース1　誰をマネジャーにするか

マネジャー候補者は4人いる。しかしポストは1つ。いったい誰がなるんだろう。マネジャーへの昇格ってどうやって決めているんだろう。

　日本でも有数の老舗食品メーカーであるジャパンフーズの人事部では、現在定期人事異動の調整中である。ジャパンフーズのセールス部門は比較的フラットな組織であり、セールスマンの上にセールスマネジャーとしての営業所長、その上に支店長、営業本部長となっている。マネジャーである営業所長への昇格は過去の勤務成績、支店長推薦によって選抜され、最終的にはレポートおよびそれを使って行われる営業本部長、人事部長との面接で決定する。レポートテーマは「自分がマネジャーになったら」という大まかなもので、基本的にはどんなことを書いても構わないことになっている。

　今年は営業所長へ1名昇格する枠があり、佐藤、中村、山田、高橋という4名のセールスマンがその候補に挙がっている。各人が書いたレポートおよび面接で話した内容の骨子は次のようなものである。

佐藤「当社のセールスの課題はセールスマンの質の低下にあると思います。われわれが日々のセールス活動で接している店舗、特に量販店[*1]のバイヤー[*2]や店長はデータをよく分析し、店づくりを考えています。ライバル会社のセールスマンは彼らと一緒になって商品陳列やインストアプロモーション[*3]のやり方を考えています。一方当社のセールスマンの多くは自社商品のセールスポイントを説明し『店に置いてください』の一点張りです。もっとセールスマンを教育して、セールスパワーを上げていくことが必要だと思います。私がマネジャーになったらメンバー1人1人を、しっかり鍛え直したいと考えています」

中村「当社の売上は、会社全体としてはここ数年ほとんどスライドです。しかし営業所ごとに見ると、その伸びに大きなバラツキがあります。伸びている営

業所の特徴は1人1人のセールスマンが真剣に自分の目標をとらえ、何とかそれを達成しようという意気込みがあります。ダメな営業所はライバルのせいや"自社にヒット商品がない"ことなどを言い訳にして、負け犬根性がしみついています。これは営業所長のリーダーシップによるものと思います。どう考えても営業所長の力量が業績を左右していると思います。私が営業所長になったら、言い訳を許さない体質を作ります。そして必ず業績を向上させてみせます」

山田「私は今のセールスという仕事が大好きです。セールスは当社の製品を1人でも多くのお客様に食べてもらえるように考えることだと思います。当社の製品を手にしないお客様の多くは、その良さがわかっていないのだと思います。うちの営業所にも若いセールスマンがいますが、皆業績が上がらず悩んでいます。そして皆優秀な人たちです。私は彼らにセールスの"おもしろさ"や考え方を教えてやりたい。そして一緒に新しいセールススタイルを作っていきたい。私たちがセールス活動をやることで、当社の製品の良さをわかってくれるお客様が増えれば最高だと思う。そうすれば結果は自ずとついてくると思います」

高橋「仕事は分担だと思います。各人がそれぞれの分担をきちんと行えば、企業全体として業績は向上すると思います。セールスマンはセールスマンとして、営業所長は営業所長として、支店長は支店長として、工場は工場としてそれぞれの仕事を全うすることだと思います。私は今までセールスマンとして自分に与えられた仕事をきちんとこなしてきました。営業所長になれば営業所長という仕事をきちんとやります。当社では営業所長はセールスマネジャーという立場ですので、私ならマネジメントをきちんとやります。PDCAを通して、質の高いマネジメントを目指したいと考えています」

課題 あなたが人事部長なら誰を営業所長にしますか？

A：佐藤　**B**：中村　**C**：山田　**D**：高橋

＊1. 大型小売店のこと。　＊2. 商品仕入責任者。　＊3. 店舗内でなされるプロモーション。

ケース1の得点
A:3点　B:1点　C:10点　D:5点

解説
　一言にマネジャーといってもいろいろなタイプの人がいるが、本ケースの営業所長のように「チームメンバーを率いて一定の業績を出す」というマネジャーが典型的なパターンだと思う。これは一般にアカウントマネジャーとよばれ、彼の率いるチームごとに業績が計算される。アカウントマネジャーにとって最高のシーンはチームの業績がどんどん伸び、毎日が戦場のようで、自らがその指揮官となって突撃ラッパを吹いていることだろう。しかしこういった局面では、マネジャーといっても自らが第一線に立ち、トッププレイヤーとして活躍していることが多い。言い換えればマネジメントが不要な時代ともいえる。
　しかし企業が永遠に伸び続けることはなく、いつかはその業績も落ち着いてくる。そして企業は「難しい時代」を迎える。昨日と同じような業績しか生まれないようになり、むしろ「業績が落ちるのでは」という恐怖感を抱えることになる。がんばっても、がんばっても業績が伸びず、ちょっと手を抜くとライバルに出し抜かれ、業績が落ち込んでしまう。今、ジャパンフーズのような老舗大企業が持っている共通の悩みである。ここにマネジメントが必要となり、"マネジャーとしての腕"が生きてくる時代を迎える。
　この「伸びない時代」の苦しいマネジメントを担うマネジャーに求められる要件は何だろうか。もちろんさまざまなものが考えられるが、私はその第一条件は"愛"だと思う。マネジャーが持つ仕事への愛、会社への愛、そして何より「そのマネジャーの下で働きたい」というメンバーからマネジャーへの愛である。仕事が楽しければそこに愛が生まれる。楽しい仕事には自然と良い業績が生まれる。仮に業績が上がらなくても「明日こそは」という期待感が生まれる。苦しい仕事、愛なき仕事はがんばって結果が出ても、明日もこんなにがん

ばらなくてはいけないのかという"つらさ"がある。

そんな視点で4人のマネジャー候補を見てみよう。

・佐藤　初めてマネジャーになる前は、皆プレイヤーである。プレイヤー時代はまわりに同僚がいて、マネジャーになっていく人はその中でのトッププレイヤーである。だからどうしてもまわりの仕事のレベルが"低い"と感じている。しかしそれを指摘しても、まわりはわかってくれるだろうか。セールスの仕事が"うまい"だけなら、その人をそのままにしておいて、マネジャーがまわりに「彼のようにセールスしろ」と言えばすむのではないだろうか。

・中村　いくら何でも結果だけを見つめすぎている。結果のために仕事をするのでも、結果を出すためにマネジメントをするわけでもない。彼の問題点は「がんばっても結果が出なかった時」を想定していないことである。結果を出してきたトッププレイヤーがマネジャーになり、チームでは思ったような結果が出ず、挫折感を味わうというのがこのタイプの典型的パターンである。

・山田　彼には仕事への愛、製品への愛、そしてまわりのメンバーへの愛を感じると思う。この4人の話をセールスマンのメンバーが聞いて、誰の下でやりたいと考えるだろうか。多くの人はこの山田を選ぶだろう。マネジャーとは「メンバーにマネジメントというサービスを提供する人」という意味である。

・高橋　言っていることには"一理"ある。特にジャパンフーズのように伸びが止まった企業では年功序列をとるわけにはいかず、マネジャーとメンバーも上下関係ではなく、仕事の分担関係と考えるべき面もあろう。しかし「マネジャーに選ばれるかどうか」という局面で、それを言うことはあまり賢くないと思う。ここでは自分のマネジャー像を出すべきだと思う。「マネジャーとしてマネジメントをきちんとやっていきます」という宣言では少し物足りない。

マネジャーになろうという人は「自分がどんなマネジャーになりたいか」よりも「まわり（経営者、メンバー）はどんなマネジャーを求めているか」ということに着目すべきである。

ケース2　マネジャーに抜擢された

前例のない若さで営業所長に抜擢された田村。
しかもセールスの経験はほとんどなく、前任者はベテランマネジャー…。

　ジャパンフーズの田村は入社12年目にして、北東京営業所長に抜擢された。本人だけでなく、周囲にも驚きの声が上がった。従来ジャパンフーズでは、マネジャー昇格は早い人で入社18年目、年齢では40代がほとんどであった。田村はまだ34歳という若さであったが、"驚き"はその年齢だけではなかった。田村は入社して2年間は営業所のセールスマンとして店舗回り（小売店へ自社商品の陳列を依頼する）を担当したが、3年目からはマーケティング部所属となった。業務としては最初の3年間はマーケティングリサーチを、その後3年間はテレビCMを中心にプロモーションを、ここ数年間は消費者対応チームで消費者の声の収集や商品改良の企画を担当していた。これまでの営業所長はバリバリのトップセールスマンがなってきており、しかも新任の営業所長はその営業所のセールスマンが昇格というケースがほとんどだった。

　田村が内示を受けたのは着任1ヵ月前のことであり、この1ヵ月間はセールスマネジャーとしての準備をする暇もなく、現在担当しているマーケティング業務の整理と引き継ぎ資料の作成に終始していた。

　田村の前任の所長である川田は仙台、福岡、北東京地区であわせて20数年間セールスマンを担当し、その後6年間は北東京営業所長を担い、今度は本人の出身地である仙台営業所長となる。田村は着任の1週間前に北東京営業所を去る川田と面談した。

川田「その若さで営業所長か。大変だね。でもうちの営業所なら大丈夫だ。うちの営業所の業績はズーッと安定しているから。君より年上のベテランセールスマンが3名いるけど、彼らも皆、人は良いし、君を立ててくれるよ。営業所

内はここんとこ人事異動がないし、皆『家族』みたいな感じだよ。俺が所長といっても、ここ２年間は基本的にはベテラン３人を副所長みたいな感じにして、彼らに任せてきたんだ」

田村「セールスの担当はどうなっているんですか」

川田「５年前の営業本部長方針で、各営業所長が自由に決めていいことになっているんだ。だいたいは店舗担当かエリア担当のどちらかだな。うちの営業所では商圏内にさまざまなタイプの店舗があるんで、店舗タイプごとに担当者を決めている。ベテランの３人がメンバーを使いながら大型チェーン店を担当し、それ以外のタイプの店舗を残りのセールスマン11名で分けている感じだ」

田村は着任してすぐに、上司である今井東京支店長に呼ばれた。

今井「田村君、北東京営業所の予算は前任者が組んでもうスタートしているが、今後、営業所内の担当分けをどうするかを君なりに考えてほしい。まあ明日からというわけにはいかないが、基本的な方針はすぐに私に出してほしい」

田村は何も知らない北東京営業所だけに悩んだ。「自分のキャリアから考えると、こういった店舗タイプごとのチャネル[*1]営業担当制より、エリアマーケティング[*2]をベースとしたエリア担当制の方がやりやすいんだけど…」

そこで次の４つの案を考えてみた。

課題　あなたが田村さんなら、次のどの案をとりますか？

- **A**：基本的には現状の体制を維持し、一部担当店舗を入れ替えていく
- **B**：現状の担当は変えないが、ベテラン３名を正式にリーダーとして指名し、３チーム制とする。予算を含めたマネジメントもチーム単位に行う
- **C**：ベテラン３名と田村で打合せをして、どのような担当にするかという基本方針を出し、そのうえで営業所内会議を開いて、セールスマンの合意を得る
- **D**：チャネル営業制を廃止し、エリアごとに担当セールスマンを決める

*1. 店舗など自社商品を流すルート。　*2. 地域単位にマーケティングを考えること。

ケース2の得点
A：1点　B：3点　C：3点　D：10点

解説

　マネジャーは最初になった時が肝心であり、そこでマネジャー人生が決まるといっても過言ではない。

　マネジャーを指名する権利は基本的には経営サイドにある。マネジャーに初めてなった時にまず考えるべきことは「なぜ自分を経営サイドがマネジャーに選んだか」である。しかし多くの場合、「なった理由」について経営者や人事部から細々と説明があるわけではなく、「推して知るべし」である。それはマネジャーになりたかったのに選ばれなかった人への配慮ともいえる。

　この経営者の意図が読み取れず、本人が「何で私なんかがマネジャーに…」と疑問を持っていると、マネジャーにとってもっとも危険な状態を生んでしまう。それはマネジャーの部下たるチームのメンバーが「何でこんな人がマネジャーになっちゃったんだろう。どこから見てもマネジャーの"器"じゃないのに」と思い、マネジャーへの不信感を募らせていくことである。
「大丈夫かなあ。この人について行って…。何だか前のマネジャーに比べると頼りないなあ」

　新任マネジャーの場合、当然のことながら前任のマネジャーの方が自分よりもベテランマネジャーであり、マネジャーとしての力量も高いことが多い。そのためこういった現象がよく起こる。そしてこれは時が解決してくれるわけではなく、むしろ時とともに不信感は増大し、まわりに波及していく。

　しかしそういう環境でも自分はマネジャーになったんだから、客観的に見て何か"わけ"があるはずである。少なくともケースのような大企業では人材不足でマネジャーになったわけではない。そしてなるべくしてなったわけでもない（だから"わけ"がわからず困っている）。まずは本人が仮説を立て、それ

を"確かめてみる"ことである。"確かめる"というのは「私をマネジャーにしたのは××という理由ですか」と経営者や上司に質問するのではなく、マネジャーとしての計画立案や行動で"確認"をとっていくことである。

今回、田村がマネジャーに抜擢された理由は何だろうか。少なくとも「セールスがうまい」「営業所内のセールスマンをまとめる力がある」「前任マネジャーより業績が期待できる」といったことではないはずだ。もっとも考えられるのは「変える」ためである。多くの大企業の経営者は"今"「変えよう」と思っている。「悪い所を直そう。問題点を改善しよう」ではなく、「抜本的に変えよう」という変革の気持を持っている。だから多くの企業の経営者が話す言葉に、変革、チェンジ、チャレンジといったキーワードが入っている。

この時、経営者はその変革に、バイタリティに富んだ"若き血"を求める。「変える」には労力、コストがかかり、変えても幸せがないかもしれない。仮に変わって幸せになれるとしても、それには時間がかかる。ベテランの"今"のマネジャー（今まで変えてこなかった。変わって幸せになったとしても、その時自分はもう定年かもしれない）にこの変革を求めるのは少し酷ともいえる。

このシーンの田村は、変えるべきか、変えざるべきかの判断に迷うなら、"変える"という意思決定方針をとるべきである。店舗担当をエリア担当に変えた方が良いか悪いかなんて、やってみないとわからない。しかも両方の案をとることはできないので、やってみてもどっちが良かったかなんてわからないかもしれない。だからこそ経営者の意図を読み取り、"変える"べきである。

Aの案なら田村がマネジャーをやる必要はない。B、Cの案は共に、田村がマネジャーとしてマネジメントをするという"自分の仕事"がスムーズにいく方法を考えている。もちろんこれを考えてもよいのだが、それは変えた後だ。

田村がやってきた「消費者対応」という仕事が評価されてマネジャーに抜擢されたのだから、そのノウハウを生かすべく、D案のように消費者にもっとも近いアプローチをとるエリア担当制をとって、"変える"べきである。

ケース3　企業理念にはどんな意味があるのだろう

新社長はマネジャーを集め、企業理念について意見を聞いた。
そもそも企業理念って仕事をやるうえで何か関係あるんだろうか。

　ジャパンフーズは戦後まもなく創業者湯川一郎が作った湯川食品がそのルーツである。豆腐・納豆などの大豆加工食品、チーズなどの乳加工食品からスタートし、今では加工食品全般にその事業領域を広げている。
　その後湯川一郎の長男太郎が2代目社長となり、15年前に社名をジャパンフーズと変えた。2代目社長は企業理念として「日本の食文化を創造する」を掲げた。そして近年ではコーポレートメッセージとして「新・和食宣言…私たちは新しい和食を提案します。中華料理、フランス料理、イタリアンなど世界の料理と融和した、世界でもっともおいしく、おしゃれで健康的な"食"、それが新・和食です」と社内外に訴えている。
　今期2代目社長が会長となり、3代目社長には小川が就任することになった。小川はジャパンフーズが急成長した昭和40年代に入社し、以来セールス畑を歩いてきた、いわゆるサラリーマン社長である。
　小川社長は来期からスタートする新・中期3ヵ年計画を作るにあたり、各部門のマネジャーの代表を集め、「新・和食」をキーワードとしてフリーディスカッションを実施した。そこで挙がったのは次のような意見であった。
「新・和食って、マーケティングのキャッチフレーズとしてはゴロが悪いよね。ネーミング変えようよ。ShinWaか何かにして、新しい和食、信じられる和食、進化する和食、心の和食とゴロを合わせ、"ジャパンフーズは4つのShinを目指します"くらいのキャッチフレーズにしようよ」
「何いってんだ。わが社の企業理念は『日本の食文化を創造する』なんだから、まずこの"食"とは何か、"文化"とは何かをよく考え、どうやって新しい和

食を"創造"していくのかと考えていくべきだろう」
「そんな古臭いこと言ってたら、若いメンバーはついてこないよ。だいたい今時"文化"なんて言葉は使わないだろう。カルチャーならまだしも」
「だってうちの企業理念だろう」
「企業理念だって、時代に合わないものは取り替えればいいだろう。憲法9条じゃあるまいし、後生大事に守っていくことはないだろう」
「理念なんて学者みたいなこと議論してもしょうがないよ。ここは会社なんだ。われわれは利益を目指すのが目的だろう。どうすれば利益が出るかが先決だろう。そのためには特定ドメインで絶対的なNo.1になる必要があるだろう。これからは豆腐だろう。世界を豆腐で制覇しよう。これが新・和食だ」
「"日本の食文化"はどこに行っちゃったんだ」
「世界の食文化に変えりゃいいじゃん。だいたい企業理念なんて法律じゃないんだから、守る必要なんかないだろう。社会がこれだけ変わっているんだから、企業もそれに対応して理念を変えていくべきだろう」
「会社の理念に賛成できないやつが会社にいたら、組織にならんだろう。絶対的合意事項だろう。新しい理念を持ちたいんなら、新しい会社を自分で作れよ。だいたい指揮官たるマネジャーがそんなこと言ったらおしまいだろう」
「そんなことないですよ。従業員の賛成が得られれば理念は変えたっていいはずです。そこに働いている人間の気持ちと合わない理念なんて変えるべきです」

課題　あなたの意見は次の4つのうちのどれですか？

A：企業理念に合意できないなら、せめてマネジャーはやるべきではない
B：働いている人たちの気持ちに合わないなら、企業理念は変えるべきだ
C：企業は利益を目的としているんだから、マネジャーは企業理念よりも利益を上げることを第一に考えるべきだ
D：企業は社会のニーズに合わせて、企業理念を変えるべきだ

ケース3の得点
A：10点　B：7点　C：1点　D：3点

解説

　成熟した大企業の多くはミッションというものを持っている。ミッションは企業によってその名称が異なるが、企業理念（今回のケース）、経営理念、創業理念、社是、社訓といった表現がとられる。ミッションは理念、つまり考え方であり、「企業はなぜ存在しているのか」という任務（ミッション）そのものである。このミッションという旗（明文化されていないことも多いが）の下に、これに賛同する人が集まり、企業が生まれる。ミッションが社会に受け入れられると、その企業は成長していく。ところが企業は成長していく中でミッションをいつの間にか忘れ、どんどん上がっていく業績だけに目を奪われるようになる。そして成長が止まると、なぜかどんな企業もミッションを振り返る。

　企業におけるミッションはどれが優れているかとか、どれが業績を生むかといったものではない。人間でいえば業績が年収なら、ミッションは人生観のようなものである。「人生はカネだ」だって、「人は天命に従って生まれ、社会のために生きる」だって人生観だ。どちらが正しいということはない。「正しい」ではなく、何を「美しい」と思うかという「美意識」のようなものである。

　企業において、ミッションは「どうあるべきか」を議論するべきものではなく、そこに参加するメンバーの絶対的合意事項である。本来であれば全従業員がミッションに合意して、この企業に集まってくるはずである。ジャパンフーズのように集まってからミッションを作ったのなら、作った時に合意すべきである。この合意を前提にそこから先のマネジメントはなされていく。

　ジャパンフーズにおいて、マネジャーがメンバーから「うちはなぜ食文化なんて創造するんですか。今の日本人にとって大切なものは"住"ではないですか」あるいは「食品よりも衣料が今マーケットチャンスだと思います。衣料事

業へ進出しましょう」と言われたら、「当社は食文化を創造するための同志が集まったものだ。住や衣料に関する仕事をしたいのなら、それをミッションとする会社へ行きなさい」と答えるべきである。

　経営者に代わって、従業員の仕事をマネジメントし、リードするマネジャーにとって、ミッションは絶対的ベクトルである。"ミッションに合意できない人は去れ"であり、せめて"合意なき人"は、他人をマネジメントして経営者の思っていない方向には持っていかないことである。つまりAの意見が妥当である。

　Bの意見も一理ある。企業は"人の集まり"であり、その人たちの合意がもっとも大切である。しかし企業には従業員だけでなく、さまざまなステークホルダー（その企業の利害関係者）がいる。株主（上場企業なら証券市場も）、顧客、取引先、金融機関、地域社会…といったものである。企業はこのステークホルダーにミッションを宣言している。まわりは当然のことながら、この企業がミッションに沿って動いていると思っている。もしミッションを変えるなら従業員の合意とともに、すべてのステークホルダーの合意も必要となる。

　Cの意見は誤解である（少なくともジャパンフーズのように、はっきりとしたミッションを持っている企業においては）。企業は社会の中で、"ミッションという分担"をして、その機能分担したことに対して利益を得る。ジャパンフーズは食文化を創造することで社会に貢献し、社会からその貢献の結果として利益を得る。利益は目的ではなく結果であり、ミッションが目的である。

　Dの意見の問題点は"社会のニーズ"とは何かがはっきりしていないことである。ミッションは社会の分担（ジャパンフーズは"食"を分担）であり、その分担を続けてほしくないというニーズは、いったい誰のニーズかである。もし"食"が社会的使命を終えたのなら（考えづらいが）、会社を解散して、従業員は新しい会社を作ったり、別の会社へ移っていくべきである。

　マネジメントの原点はミッションにある。ミッションに合っているか（合ミッション性という）がマネジメントの"質"を測る第一のものさしである。

ケース4　戦略が納得できない

会社は新しいビジネスへチャレンジするという。だからその教育にメンバーを出せと言う。しかしそんなことメンバーが望んでいるとも思えない…。

　東京総合電気機械（普通は東総電とよばれている）は明治時代に創業した電気メーカーであり、近年ではIT製品で有名な会社である。IT製品は標準化が進み、他社との差別化が難しいため激しい価格競争に巻き込まれ、大苦戦している。一方で、この苦戦の穴を埋めてきたのがシステム開発というサービス業務である。これは顧客のリクエストに応じてソフトウェアを開発し、これとセットでハードウェアを販売するものである。

　このような中、東総電の経営者はIT業界全体のトレンドといえる「ソリューションビジネス[*1]への移行」を経営戦略の柱とすることを決めた。

　ソリューションビジネスを東総電が進めていくためには、ソリューションSE[*2]という新しいタイプの技術者を必要とする。ソリューションSEは顧客の所に行き、「どんな機械が欲しいか、どんなシステムが欲しいか」といったことを聞くのではなく、「どんな課題を解決したらよいのか」を確認し、ITなどを使ってその解決策を提案していく仕事を行う。東総電ではソリューションSEに"近い"仕事をやっているSEがいるにはいるが、その"提案"という仕事が機械、システムを売るためのプロモーションという位置づけであり、「提案で食っている」というプロ意識を持っているSEはいなかった。

　しかし戦略を立てたからといって、ソリューションタイプの仕事がどんどん入ってくるわけではない。そのため「ソリューションSE専任部隊を作る」といった思い切った体制をとることができず、「仕事がないから育たない」、「育たないから仕事がない」というスパイラルにはまっていた。

　そこで経営者は各部門から一定人数を出させて、ソリューションSE育成教

育を実施することとした。この教育を通して各SEの適性を判断し、その中から本格的なソリューションSEを育てていこうと考えた。

　山村は通信キャリア*3へ機器やシステムを納入するグループのマネジャーであり、入社以来25年間通信システム一筋に生きてきた。部長から、山村のグループからも2名をソリューションSE教育に出すように言われ悩んでいた。
「教育期間はネットでとりあえず10日間か。2人出すと20人日か、痛いなあ。そもそもソリューションビジネスなんてやる必要があるのか。通信分野だって、これから携帯電話も新しくなるし、ネット放送だってあるし、どんどん拡大していくはずだ。しかもうちの伝統的な本業じゃないか。エンジニアだって皆、東京総合電気機械という社名を見て、メーカーだと信じて、"ものづくり"をしに入ってきたんじゃないのか。それを急に『今日からうちはメーカーではなくサービス業です。だからお客様の先でサービスする人が大切なんです』なんてメンバーに言えるか？　しかし業務命令だしなあ。誰か出さないとなあ。でも上の言いなりになっているのが、はたしてマネジャーなんだろうか」

課題　あなたが山村さんならどう対応しますか？

- **A**：各メンバーの意見を聞き、「ソリューションSEをやってみたい」という人を教育へ出す
- **B**：通信事業がこれから拡大していくことや現場のエンジニアたちの思いを上司へ説明し、教育へは出さない
- **C**：ソリューションビジネスに対する経営サイドの考えを聞き、その上でメンバーの中から顧客先でソリューションSEができるような人を選ぶ
- **D**：現在手の空いている人をさがし、彼らを教育に出して学ばせ、部内で勉強会を開き、皆でソリューションについて考えてみる

*1. 法人を対象として、顧客の抱えている問題を解決するためのサービスを提供するもの。　*2. システムエンジニア。　*3. 自社でネットワークを持ち、通信サービスを行う会社。

ケース4の得点
A：7点　B：0点　C：10点　D：1点

解説

　戦略という言葉はビジネスでよく使われるが、考えてみれば不思議な単語である。戦略とはもともとは戦争用語であり、戦争王国アメリカが考えた戦争システムの一要素である。戦争システムは軍隊（戦争をする兵隊の集まり）、基地（戦争に必要な資源を用意し、軍隊へ供給する部門。この仕事をロジスティクスという）、軍事本部（戦争の戦い方を決める部門）の3つからなる。これらが有機的にシステムとして結合し、戦争を進めていく。

　軍隊はいくつかの部隊というグループに分かれ、そこには部隊長がいる。これが企業組織ではマネジャーにあたる。戦争においてもっとも恐いのは部隊の独走である。部隊は目の前にいる特定の敵しか見えず、それ以外のまわりが見えなくなり、ただ自分の部隊がやっている局地戦に勝とうとする。そしていつの間にか戦争の目的（会社でいえばミッション）を見失ってしまう。そこで戦争の"戦い方"は個々の部隊では考えず、全体を遠くから見ることができる軍事本部（企業でいえば経営者）が考える。この軍事本部が考える"戦い方"が戦略とよばれる。

　戦略はマネジャー（部隊長）にとって当然のように従うべきことである。仮にそれによって自チームの成績が落ちたり、戦いが苦しくなるとしても従わなければならない。ただし戦略がミッションとちがうのは、絶対的合意事項ではなく、経営者との事前了承事項という点だ。マネジャーの戦略についての意見（特に反対意見）はその戦略が発表、遂行される前に出すべきである。そのため近年の経営者（特に経営について学習している経営者）は、プロジェクト（「中期経営計画プロジェクト」といった名称が多い）などを作り、ここに現場の第一線のマネジャーを入れ、28ページのように意見を聞いている。「文句がある

なら戦略を立てる前に言え」これが経営者の思いだ。

　後になって文句を言う"最悪のマネジャー"は、こういったプロジェクトの場では（仮に選ばれても）何も言わない。というよりも言えない。そのプロジェクトは自部門ではなく企業全体のことを考えている。この手のマネジャーは自らの現場のことだけを考えているので、その話題についていけず（興味を持てず）、いよいよ現場で戦略を遂行する時になって文句を言う。「まったくうちの経営者は何を考えているのかわからん。いったいどうする気なんだ。通信事業の拡大なくしてうちの未来はないだろう」などとその戦略を遂行した時の問題点を言う。どんな戦略だって問題点はある。ケースのようにソリューションビジネスという戦略をとれば、「現在稼いでいる事業の成績を落とす」という問題が起こる。しかし「ソリューションビジネスへは進出しない」という戦略をとれば、今の成績は傷つけないが、「この先ピンチを迎えるかもしれない」という問題点を残す。この2つの戦略を比較して、現場のことも考えて、経営者が戦略として「ソリューションビジネスへ行く」と意思決定したのである。

　戦略は立てる前に意見を言う。仮に経営者と事前合意がなくて戦略に疑問を感じたら、すぐに経営者に意見を言う。そして戦略に納得する（多くの場合自部門だけでなく、会社全体を考えれば納得する）。それがマネジャーの姿である。つまりケースのCの行動である。

　Aのマネジメントは戦略に従ってはいるが、「今の仕事に不満を持っている人（だからソリューションという新しいことをやりたい）だけが集まる」というリスクを抱えてしまう。また経営者の「ソリューションSEの適性を見る」という人事戦略を考えると、マネジャーが適任者をまずは選ぶべきだろう。

　Bは問題外で、業務命令違反（「SEを2名出せ」）である。

　Dはただその場をしのいでいるだけである。マネジャーとして戦略不同意という問題を解消しないだけでなく、暇な人ばかりが集まっての教育は、A案よりもさらに人事戦略を台無しにしてしまう。

ケース5　セキュリティ強化策が打ち出された

厳しいセキュリティ基準が発表され、現場からはブーイングの嵐。
これに対するマネジャーの意見も分かれている。

　東総電では「ハードウェアを売る」「システムを開発する」というビジネス以外にも、顧客企業の「情報システムを動かす」という、いわゆるITアウトソーシングビジネスも行っている。このITアウトソーシングビジネスでは顧客のさまざまなデータを扱うこともあり、九州地区にデータセンターを持ち、顧客のオフィスとネットワークでつないでいる。当然のことながら、このセンターでは厳しいセキュリティ基準のもとにデータを保管・処理している。
　一方、東総電自身の社内情報システムは、これとは完全に分離する形で各オフィスごとにサーバーを持ち、これらがネットワークでつながっている。
　最近になっていくつかの企業での情報漏洩がマスコミを賑わした。東総電としては、これを他山の石とし、社内情報システムのセキュリティ強化を行うことにした。打ち出されたセキュリティ基準は九州のデータセンター並みに厳しいものであった。東総電が全国に数多く持つ一般オフィスで、この基準を実施すると大きなコストがかかり、かつ従業員の実務への影響も極めて大きいものだった。このセキュリティ基準は、例えば次のようなものである。
・オフィスの入退出はすべてカードによるチェックを行う
・USBメモリーなど持ち運びできるメモリーは一切使えない
・社内メールサーバーから社外へ打つメールはすべてマネジャーの了承が必要
・受信メールは登録アドレスのもの以外は受信拒否
・私用パソコンのオフィスへの持ち込み禁止
・ログインIDの定期的な変更
・職場ごとに責任者が月1回セキュリティレポートを提出し、かつ情報システ

ム監査を定期的に受ける…

当然のこととして社内からの反発は強く、各マネジャーの意見も分かれた。

> **課題** あなたは次のA～Dのマネジャーのどの意見に賛成ですか？

A：「このセキュリティ対策は効率性が全く考慮されていない。セキュリティ投資だって投資対効果がポイントだと思う。そもそもこんなことをやっても何の効果も上がらないと思う。もう少し仕事の効率性も考慮し、そのうえで適度な安全性を担保した投資対効果のバランスの取れた案にすべきだと思う。これではいくら何でも現場の負担が大きく、ランニングコストがあまりにもかかりすぎる」

B：「冗談じゃない。こんなバカな案があるか。こんなことをしたってデータが漏れる時は漏れる。泥棒はカギがかかっている家に来るもんだ。こんなにセキュリティを厳しくしたら、大事なデータがあるんだと思われて、かえって狙われる。そもそもそこにデータがある限り、盗まれることは必ずあるんだ。こんな対策ではなくて、データがこわれたり、漏れても大丈夫なシステムを考えていくべきだろう。いくら何でもこれはやりすぎだ。まあ普通の"世間並みの対策"でいいと思う」

C：「決めたことなんだからツベコベ言わずやるべきだろう。それで現場から不平・不満が出たら『業務命令』の一言で、一切の説明は不要だと思う」

D：「どうせここまでやるんなら、うちはプロなんだからもっともっとしっかりやろうよ。この対策じゃ甘いよ。もっと厳しく徹底的にやって、セキュリティ事故が絶対に出ないようにすべきだ。そしてそれを社会へアピールして、うち自身がセキュリティビジネスにも乗り込んでいく。ここまでカネをかけるなら万全なセキュリティ対策をとらなきゃ意味ないだろう。どういう場合にセキュリティが破られるかを専門家を入れて徹底的に調べよう」

ケース5の得点
A：2点　B：3点　C：10点　D：0点

解説

　現代の企業にとって、内部統制は大きなマネジメントテーマとなっている。これを支える主体はそのマネジメントシステムを遂行する経営者、マネジャーである。特に上場企業はJ-SOX法*1により、2009年3月期決算から内部統制報告書の提出・監査が求められることとなった。

　内部統制はinternal controlの日本語訳であり、マネジメントの世界では一般にコントロールといわれてきた考え方である。コントロールとは簡単にいえば「これをやってはいけない、これをやらなければいけない」といったルールや手続きを指す。

　このコントロールを見る時の基準は正当性と準拠性である。正当性とはそのコントロールが妥当かというものだ。コントロールには「する側」と「される側」がある。コントロールのルールは当然のことながら「する側」が決めるのであって、「される側」が決めるわけではない。このケースで考えれば、セキュリティコントロールを「される側」が「こうした方が良い」と変えられるものではない。コントロールを「する側」の経営者がルール、手続きを決め、従業員、マネジャーという「される側」は一切口を出せない（経営者のコントロールは株主が行う。それがJ-SOX法の原点）。上場企業である東総電の経営者が、社会に対して「こういうルールでうちはセキュリティ・コントロールをやる」と宣言したもので、その正当性は社会が評価する。

　もう1つの準拠性とは、決めたルール通りにやっているかを見るものである。「される側」はルール通りやらなければペナルティを負う。「オフィスを出る時はカギをかける」と決めたら、「カギをかけなければならない」。かけなければルール違反としてペナルティを負って然るべき行為である。「カギなんかかけ

たって、泥棒は入って来るからカギはかけない」という判断はできない。

　コントロールをすることには、本来の"統制によるトラブル予防"以外にも2つの意味がある。1つはコントロールが"最悪の状況の時"に会社を救ってくれるということである。セキュリティ事故、事件に遭っても、おかしなルールではなく（正当性）、きちんと守っていれば（準拠性）、マスコミから「"ずさんな"セキュリティ対策だ」と言われることはない。

　2つ目は「従業員を守っていること」である。例えば「従業員の目の前に現金を3,000万円も置いておく」のは"失礼"である。「カギをかけた金庫に入れておく」のが従業員へのマナーといえる。過去のセキュリティ事件では従業員による内部犯罪が圧倒的に多い。セキュリティコントロールが従業員を過失、犯罪から守っていることを、マネジャーは知っておく必要がある。

　こういう目でA～Dの意見を見ていこう。

　Aは確かに投資対効果はセキュリティでも大切である。しかしそれをコントロール「される側」に考える権限はない。

　Bの発生時対策（事故が起きた時の対応）の発想は評価できる。ただ先ほど述べたように、厳しいセキュリティ予防策というコントロールをしていることが、「トラブル発生時のダメージを小さくするための」基本的な対策といえる。

　Cの「ツベコベ言わず」が正解だろう。経営者はマネジャー、従業員に「なぜこのようなコントロールにするか」を説明する義務はない。マネジャー、従業員はこれに従う義務があり、マネジャーには従業員に従わせる義務がある。

　Dの問題点は「セキュリティ事故を起こさないようにはできない。つまり万全なセキュリティ対策など打てない」ということを理解していない点である。だからどこかで"手"を打つ（対策は"この辺"にしておこう）ことが必要である。そしてこの「手を打つ」という意思決定は、コントロールする側である経営者の仕事であり、責任である。

＊1．金融商品取引法の内部統制報告書提出義務の部分を、俗にJ-SOX法といっている。

> ちょっとひとやすみ

マネジャーやるなら良い環境でやりたい

　マネジャーをやる環境はさまざまであり、その環境によって"マネジャー人生"は左右される。マネジャーとして最高の環境を考えてみよう。

・**未熟な部下が多い**　自分よりも圧倒的に未熟な部下がチームに多いことが第一条件だ。仮に業績が出なくても"部下のせい"にでき、奇跡的に出れば"マネジャーの腕"となる。逆にベテランばかりで能力が高く、「どうやっても成績が出る」というのが最悪の環境である。プロ野球でいえば、4番打者を集めたチームより、これから伸びていく若手が多いチームで監督をやってみたい。

・**ポツンと離れている**　そのチームがマネジャーの上司から完全に隔離されていることが第2条件といえる。田舎の営業所長、工場長などは「一度やったらやめられない」。私の義兄も"ど田舎"の「工場長」をやり、その後本社へ部長で戻ってきたが、どちらが人生の中で充実していたかは聞くまでもない。

・**部下が多い**　1人、2人のチームじゃなくて、100人、200人を抱えるチームのマネジャーの方がいいに決まっている。大変そうに見えるが、どうせ体は1つ。やれることは限られている。逆にいえばやりたいことを選べる。部下の中に気に食わないのが1人、2人いても、それほど気にしなくても済む。

・**新たにできたセクション**　過去に比較する業績がないから最高である。そもそもマネジャーの腕がはっきり見えないだけでなく、成功したか失敗したかさえもよくわからない。私はサラリーマン人生の最後に、新設のチームのマネジャーをやったが、その時が最高に楽しかった。逆に伝統ある部門は最悪。しかも過去に"やり手のマネジャー"がやっていたら…。比較される相手が強すぎてはたまらない。新たな部門ができたら真っ先に手を挙げよう。

・**自分の上司が皆から嫌われている**　自分(例えば課長)のチームのメンバーが、自分の上司(部長)を嫌っていると結構うまくいく。部下は課長に頼ってくるし、部長もメンバーに直接話さず、課長を通してやろうとする。その逆に皆から信頼の厚い部長の下で課長をやるのは最悪である。何かあると、部下が皆部長へ相談に行ってしまう。

シーン 2

マネジメントサイクルを実行する

ケース6　合併プロジェクトのリーダーになった

会社が合併することになった。情報システムを統合しなくてはならないのだが、プロジェクトメンバーの意見が合わない。プロジェクトリーダーは悩む。

　東日本を中心にスーパーマーケットを展開する江戸スーパーと神奈川県および都内にスーパーマーケット、ディスカウントストアなどをドミナント出店[*1]する横浜リテールが、1年後に対等合併することがマスコミに発表された。
　両社ともに上場していることもあり、ほとんどの従業員は直前まで知らなかった（事前にわかるとインサイダー取引[*2]の危険があるので）。両社は発表から1年間で合併の準備を進めることになり、いくつかの合併プロジェクトが組まれた。主な合併プロジェクトは人事、会計、店舗運営、本部運営、物流、情報システムの6つであり、両社でリーダーを3つずつ分け合った。
　江戸スーパー情報システム部部長代理の中野は、「情報システム統合プロジェクト」のリーダーに任命された。江戸スーパーでは情報システム部長が1年前に経理部長から横滑りでなっており、実質的な責任者は中野であった。
　情報システム統合プロジェクトは中野リーダーを含め総勢10名で、両社の情報システム部から5名ずつが出ていた。10名とも現業の仕事を持ちながらのプロジェクト参加であり、まさに休みなしで、皆が時間の都合を合わせながら会議を進めていった。
　プロジェクトの会議は最初から紛糾していた。両社の情報システムはサポートしているコンピュータメーカーが異なり、全くといってよいほどその構造は異なるものであった。この異なったシステムを統合するのであるが、考え方は2つあった。
　1つはこれを機に全く新しい情報システムを開発することである。しかしシステム開発には時間がかかり、合併までの1年間ではとても間に合わないので、

合併当初は両社の現行システムを動かしながら何とかしのぎ、開発終了とともに新システムへ移行するというものである。

もう1つはどちらかの会社のシステムに統一すること（"片寄せ"という）である。仮に江戸スーパーのシステムに片寄せするのであれば、横浜リテールのシステムを江戸スーパーのシステムにそっくり移し変えるというものである。

中野の気持ちは固まっていた。新システムの開発である。両社とも現在の情報システムの原型を10年以上も前に開発し、その後メンテナンスを繰り返したためかなり老朽化している。確かに新たなシステムを開発することは大変だが、どうせいつかはやらなくてはならないことである。

しかしプロジェクトの会議では、残りのメンバー全員は「新システムの開発なんて問題外。このドタバタ時にそんなことやれっこない」であり、当然のことのように自社のシステムの方へ片寄せすることを主張して譲らない。それぞれの会社へ導入しているコンピュータメーカー2社が、納入しているコンピュータを守るべく両社をそれぞれ必死にサポートしており、会議にはどんなに自社のシステムの方が優れているかという資料が次々と出てくる。

課題 あなたが中野さんなら、どのような手を打ちますか？

A：今後もこの10人が中核となって情報システムを動かしていくのだから、プロジェクトメンバーで何とか合意できる案を考える

B：プロジェクトメンバーの意見を聞き終え、中野が移行方針を決定し、移行計画書を作り、両社の経営陣の了解を得る

C：両社のトップ会談で移行の基本方針（新規、片寄せ）を決めてもらい、それに従って中野が計画書を作り、メンバーに説明する

D：第3者のコンサルタントに入ってもらい、各案を冷静に評価してもらう

*1. ある地域に集中的に出店すること。　*2. 外部には未公開の情報で、会社関係者が自社株などの取引を行うこと。

ケース6の得点
Ａ：１点　Ｂ：10点　Ｃ：５点　Ｄ：３点

解説

　マネジメントにおけるキーワードに権限委譲というものがある。本ケースはこの権限委譲について考えるものである。

　一般に権限委譲とはある人が持っている「権限」を、別の人に移すことをいう。マネジメントの世界では、組織上位者が持っている権限を、組織下位者へ移すことであり、この時上位者にもその"責任"は残る。首相が大臣を指名して権限を委譲しても、大臣がミスをすれば「任命責任」が残るのと同じである。したがって権限委譲を「するか、しないか」そして「誰にするか」という"権限"は、"委譲対象の権限"を持っている人（上位者）にある。

　マネジメントにおける権限委譲は、特定のポジションにつくことで自動的になされるものではない。例えば東京支店長になったからといって、東京エリアのセールス活動を自由にやってよいというわけではない。支店長は東京エリアのセールス活動を一定期間（半年、１年など）どのように進めていくかという計画を作り、これを営業責任者（営業本部長など）という本来の権限者に了承してもらう。ここで本来権限者に「よしこの計画でやれ」と言われれば、この時点で権限委譲となる。つまり権限委譲はその人にでも、そのポジションにでも、その仕事にされるわけでもなく、"計画"になされる。だからマネジャーが権限委譲を受けようと思ったら、まずは"計画を作る力"を高めることである。

　この考え方で、各案をそれぞれ評価してみよう。

Ａ：プロジェクトメンバー全員が「これがベスト」と思う案はない。もし仮にあったら「もめない」。いくら話し合っても、その意思決定の"ものさし"が異なる限り、合意を得ることはできない。各メンバーの"ものさし"は「自分たちが作った情報システムをどれだけ残せるか」であり、「相手に負けるもんか」

という対抗意識である。したがって両社の痛み分けのような案（間に中継サーバーを持って、両方のシステムを生かしながらつなぐ）に落ち着いていくことが多い。過去にこうした案をとった企業が多く見られたが、合併後の状態を見ると最悪の結果となっている。システムを動かしてからしばらくして、冷静に考えてみると、「最悪の案」を選定してしまったと反省していることが多い。

B：これが妥当といえる。両社が合併する以前の状態で、情報システム統合方針を最終決定する"権限"を持っているのは両社の経営者である。そして彼らは1つの会社になることを合意している。彼らに中野が考えた案（冷静な案だと思う。中野としては「これを作ることができるからリーダーに指名された」と考えるべきだろう）を了承してもらい、それによって自分が作った「システム統合案の計画」を進める「権限」を得るべきである。メンバーにはそのうえでこの案を実行させるのがマネジャーである。メンバーの意見を聞き、そのうえで自らの意見をまとめて計画を作り、これによって上位者から権限委譲を受けるというのがマネジメントであり、マネジャーの仕事である。

C：見方によっては、これでは中野がプロジェクトリーダーになった意味がないとも考えられる。この基本方針を両社の経営者が決められないから、プロジェクトを作ったはずである。しかし中野がどうしても判断がつかないなら、中野が情報を整理して、いくつかの案を作り、意思決定しやすいようにして、両経営者がトップ会談をして決めるのも1つの"手"ではある。

D：中立性を高めるという意味では良い点もあるが、今後この10名が中核となって作業を進めることを考えるとリスクが大きい。あまり状況がわからない第三者が決めたものと、Bのようにリーダーがメンバーの意見を聞いて方針を作ったのでは全くちがう。しかもこういったケースの場合、コンサルタントは経営者よりもプロジェクトメンバーを"お客様"と思っており、彼らが合意できる案にうまくまとめていく可能性が高い（コンサルタントの私が言うのも何だが）。したがって結果としてAと同じように最悪の選択になる可能性が高い。

ケース7　新しい売場を作りたい

新しい売場を作るためのプロジェクトができた。
東はそのリーダーに選ばれ、夢いっぱいで計画を作った。しかし…。

　江戸スーパーと横浜リテールは合併し、ハッピーマートという社名になり、店名もハッピーマートに統一された。
　ハッピーマートでは店舗から若手バイヤー各1名、営業本部（各店舗を管理する部門）の若手スタッフ数名が集まり、営業本部長を責任者とする「未来売場プロジェクト」を作った。このプロジェクトは、合併前の2つの会社内の各店舗の交流を図ることも1つの目的であるが、最大の目的はハッピーマートの「新しい売場づくり」を考えるというものである。
　東は大学卒業後、15年前に旧横浜リテールに入社した。入社してからはいくつかの店舗の売場担当を3年、営業本部員としてプロモーション、商品開発などを8年、横浜店の加工食品部門のバイヤーを2年経験した。そして現在は新生ハッピーマート多摩店の生鮮食品部門のバイヤーである。
　東はこれまで各業務で大きな業績を上げており、次期店長候補No.1とまわりから見られている。今回、東は未来売場プロジェクトのメンバーに選ばれ、次期マネジャーとしての夢を大きく膨らませながら参加していた。
　未来売場プロジェクトの1回目の会合では、営業本部長がこのプロジェクトのコンセプトについて話をした。
　「わが社のキーワードは変革だ。新生ハッピーマートはアメリカのコピーではなく、他社のコピーでもない全く新しい小売業態[*1]を開発していくために生まれたといってよい。そしてこの新しい業態のアイデアは、うちの売場をすみずみまで知り、うちのお客様の顔を知り、うちの商品とサービスすべてを知っている君たちから生まれるはずだ。このプロジェクトでは一切私は口を出さな

い。君たち自身の手で全く新しい『売場』を考え出してほしい。そしてわれわれ経営陣を『あっ』と驚かせてほしい。このプロジェクトは2年間の期限付きだが、リーダーを数ヵ月ごとに代えて、いろいろなテーマにチャレンジしてほしい。栄えある初代のリーダーは多摩店の東君にやってもらおう」

前もってリーダーになることを本部長から聞いていた東が、本部長の言葉を受け、すぐに口を開いた。

「さてどうやって進めていきましょうか。皆さんそれぞれ本業があり、別々の店舗や本社にいるので、『しょっちゅう集まって議論する』というわけにもいかないですよね」

その後、プロジェクトメンバーからは進め方に関しいろいろな意見が出されたが、話はまとまった。

「とりあえず誰かが、あるテーマを持って自分が担当している分野で新しい売場を作ってみて、その結果を皆で考察して、そのやり方を参考に別の人がやってみて…ということをくり返していくという進め方にしよう」

東「それならリーダーの私が"1発目"を自分の店舗で考えてみるよ」

東のいる多摩店は、商圏内に総合スーパー*2 2店を新規出店され、大苦戦していた。なかでもダメージが大きかったのは、東の担当している生鮮食品売場よりも、これまで店の中心ともいえた加工食品売場であった。総合スーパー2店の加工食品に対する価格攻勢はすさまじいものがあり、これに対抗して多摩店の加工食品売場ではさまざまなプロモーションがなされてきた。一方、東の生鮮食品売場は従来型の売場のままで安定した売上を出しており、ある意味では顧客にとって買いやすい売場ともいえた。

東は以前から温めていたアイデアを実行しようと思っていた。それは生鮮食品売場に催事コーナーを作り、ここで日替わりで夕食メニューを提案していくというものだ。そのため生鮮食品売場内で、そのメニューのレシピにある加工食品も陳列しようというものだ（このように部門を越えて考えることをクロス

マーチャンダイジングという)。加工食品売場とはちがい、生鮮食品売場は商品が日替わりである。そのため毎日、提案メニューを変えてもフレキシブルにスペースを確保できる。

　東が上司の多摩店長に相談したところ「今回の件はプロジェクトの案件だから計画書を作って本部長へ持って行きなさい。本部長がOKなら私は構わない。決まったら私にも計画書を見せてくれ」とのことだった。

　計画書の骨子は次のようなものであった。

---　**計画書の概要**　---

１．実施事項

　多摩店生鮮食品売場において、お客様に対し日替わりで夕食メニューの提案を行い、加工食品をクロスして陳列する。

２．ねらい

・多摩店では商圏内の総合スーパーとの競争に苦戦しており、特に価格面では太刀打ちできない。そのためにも非価格競争による店舗差別化、売場差別化を図る必要に迫られている。

・加工食品売場は原則として商品カテゴリー[*3]ごとの陳列であり、思い切った催事スペースをとることができない。一方生鮮食品売場はその日の仕入によってフレキシブルに売場を作っており、催事プロモーションに適している。しかしこれまでは鮮魚の加工サービス、タイムサービス、立ち売りによる商品プロモーションだけであり、お客様へ店舗としてのプレゼンテーションはほとんどなかった。夕食全体の献立を、素材トータルで生鮮食品売場から提案していきたい。

３．実施詳細

・実施期間は10/1から10/31の1ヵ月間として、31日分の夕食メニューの開発を従来からいろいろな相談をしている八王子大学へ依頼する。

・メニューに必要な食材は東が責任を持ってすべて調達する。当日に調達

不可の鮮魚などがメニューにからむ場合でも、日を入れ替えるなどして
　　メニューは基本的には対応していくものとする。
・マネキン*4をSP社より派遣してもらい、メニューの実演・試食を行う。
・加工食品はAB食品、関東フーズの2メーカーとタイアップし、プロモ
　ーション用商材として通常納入価格よりも低い価格で調達する。
・試食者に対し簡単なアンケートを実施し、回答者には抽選で当店のサー
　ビスクーポンを配布する。
4．達成目標
・多摩店の生鮮および加工食品のトータル売上が前月より伸びること。
・メニュー提案のアンケートで「おいしい」が「今ひとつ」を上回ること。

　東はこれを営業本部長のところへ持って行った。営業本部長の反応は東にとって意外なものであった。
「まあ君たちに任せると言ったけど、これじゃあちょっと…」
「どこがダメですか？　直します」
「まあひと言で言えば……」

課題　営業本部長の次の言葉は何だったと思いますか？

A：費用対効果が合っていない
B：やり方の計画書になっていない
C：達成目標が甘すぎる
D：実施詳細が詰まっていない

＊1．売るスタイルのこと。　　＊2．食品、雑貨、衣料などの幅広い品揃えを持つ大型店。
＊3．店舗の商品は階層的に分類され、部門（売場）－カテゴリー－アイテムといった分類体系をとることが多い。　　＊4．店舗で商品のプロモーションをする人。

ケース7の得点
A：2点　B：10点　C：2点　D：2点

解説

　経営者の仕事が戦略を立案することなのに対して、「マネジャーの仕事は戦術の立案だ」といわれる。この戦術は多くの場合、仕事の"やり方"と表現するとわかりやすい。経営者が出した戦略に基づいて、具体的な仕事の"やり方"を決めていくものである。ハッピーマートのように、"変革"という「やり方を変えること」を戦略として掲げている企業においては、マネジャーのもっとも大切な仕事といってもよい。

　マネジメントはPLAN（計画）―DO（実行）―SEE（評価）というプロセスをとる仕事であり、このPDSをマネジメントサイクルという。「やり方」をマネジメントする時は「やり方を計画し」（PLAN）、「そのやり方でやってみて」（DO）、「そのやり方を評価する」（SEE）というステップとなる。しかしこの"やり方マネジメント"において、多くのマネジャーは「やり方」を計画するのではなく、「結果」を計画するというミスを犯してしまう。つまり「目の前で良い結果を生むように」ということだけを考えてしまう。"やり方"というのは次のような構造である。

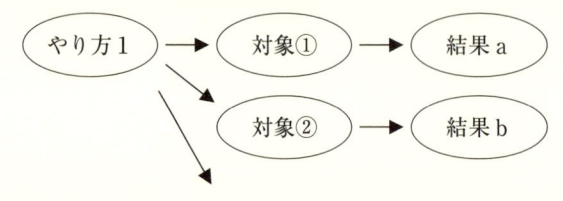

```
やり方1 ─→ 対象① ─→ 結果a
        └→ 対象② ─→ 結果b
```

　マネジメントにおいては、あるやり方（上の"やり方1"）でさまざまな対象へ実施する。だから結果aだけを良くするという"やり方"を計画してもあまり意味がない。マネジメントにおいては、結果aを通して（対象①でやってみて。DO）、「"やり方1"を評価する」（SEE）と考える。

今回のケースで考えてみよう。

新生ハッピーマートに未来売場プロジェクトが作られ、ここでは各店舗の今日の業績を上げるのではなく、新生ハッピーマート全体に幸せをもたらす"新しい売場"を考えていくことにした。つまりプロジェクトとして「売るやり方」を考えるはずであった。そして東はそのプロジェクトのリーダーとして、初めてマネジメントを担当することになった。本来の責任者は営業本部長であるので、彼からこの計画に関する権限委譲を得るわけである。それは「多摩店で新しい売り方をする」ことが権限委譲されるわけではなく（そうなら多摩店長へ計画を出すべきである）、「ハッピーマート全体としての新しいやり方（生鮮食品売場でのメニュー提案）を多摩店で1ヵ月（この"店"と"期間"が先ほどの"対象"。対象はこのように部門と期間の組み合わせが多い）実施する」という権限である。本来権限者の営業本部長の目は「ハッピーマート全体としてこのやり方を実施していくべきかを判断するために、多摩店でこの計画を実行することが"実験として"適当か」となっているはずだ。

そういう目で東の計画を見てみよう。「苦戦している多摩店の売上を上昇させよう」、さらには「多摩店でこのメニュー提案を何とか成功させたい」という気持が見えないだろうか。これはやり方の実験である。実験に冷静さを失ったら（「うまくいきますように」）、その評価は歪んでしまう。先ほど述べた"マネジャーがよく犯すミス"である。「多摩店でうまくいくように」ではなく、ハッピーマート全体でやるべきか、そして本格的にやる時に（この10月の1ヵ月間ではなく）うまくいくかを冷静に考えることが、マネジャーの立場としては大切である。したがって本部長がマネジメントを理解していれば、Bのように「やり方の計画書になっていない。これでは多摩店の売場作りの計画書であり、多摩店が近隣の総合スーパーに対抗するための計画書だ」と言うはずだ。

Aの費用対効果、Cの達成目標、Dの実施詳細のコメントも的外れではないだろう。しかしこの計画書はそれ以前の問題である。

ケース7　51

ケース8　改善を提案する

ジャパンフーズの工場では改善が日々行われていた。改善案を出したところ、それは前にやっていたやり方だと言われてしまった…。

　ジャパンフーズは仙台、宇都宮、甲府、和歌山、岡山、福岡の6工場で生産を行っている。各工場内には生産ライン[*1]の他に品質管理部、技術部および事務スタッフがいる。6工場をとりまとめる部門として本社に生産本部があり、その下に品質センター、技術センターがある。

　この20年間、各生産ラインのリーダーを中心に現場のメンバーがIE[*2]を学習し、工場が一体となって改善活動を進めてきた。大きな効果があった改善については技術センターにレポートとして提出され、社長賞、1等～5等賞という形で表彰し、報奨金を出している。さらに優秀な改善案件の提出者は期に1回本社に呼ばれ、生産本部のメンバー、全工場長、経営幹部の前でその改善内容をプレゼンテーションすることになっていた。これまで改善活動を地道に実施していくことでIEの学習効果も上がり、入社7年目以上のメンバーはほとんどがIEを通信教育で受講していた。

　高山はジャパンフーズに入社して15年目であり、入社以来岡山工場の生産ラインで働いている。岡山工場は以前は大豆製品が中心であったが、現在は乳製品のウエイトが高くなっている。高山は入社してから乳製品と大豆製品を何回かローテーションして担当していた。2年前にはチーズプラント[*3]のチームマネジャー（10年前までは班長といっていた職種）の1人になり、何人かのメンバーを抱えていた。チーズプラントは20種類の製品を24時間体制で生産しており、ほぼ毎日生産品種の切替が発生している。なかでも包装工程は一番切替工数のかかる工程であり、過去長い期間にわたって切替時間短縮改善に取り組んできたが、現在の切替時間4時間がほぼ限界と考えられていた。

高山は「今後さらに生産する品種は増加するし、要求される生産数量の波は大きく変化する。何としても限界といわれている切替時間の短縮をさらに進めなくては」と考えた。そこで「①包装予備作業の条件変更、②包装作業手順の組み替え、③包装不良品排出装置のバランス調整、④包装確認作業の一部担当変更」という一連の改善策を立案した。

岡山工場では本社の生産本部とは別に独自の改善活動を実施しており、週1回改善ミーティングを工場長主催で開いていた。高山はプラントマネジャー（高山の上司）に改善ミーティングへ先ほどの案を出すよう言われた。改善案の詳細をレポートとしてまとめ、工場長の前でプレゼンテーションを行った。

工場長は入社してすぐに岡山工場に配属され、ここでマネジャーまで昇格し、その後他工場の副工場長などを経て、2年前に岡山工場長として戻ってきた。

工場長の意見は次のようなものであった。

「何だこれは。①、②の改善策は私がこの工場にいた頃に社長賞をもらったやり方じゃないか。いったい、いつ誰が勝手に変えたんだ」

高山の考えたやり方は、以前に工場長が改善提案をしたやり方であった。そのやり方が時とともに変わって、今回これを元に戻すことになったわけである。

課題 **なぜこのような現象が起きたと思いますか？**

A：「改善した時にきちんとマニュアルを作らなかったので、いつの間にか生産ラインでやり方を勝手に変えてしまった」

B：「改善、改善とやっていくうちに元に戻った」

C：「生産する製品が変化していくうちに、昔のような製品タイプに戻った」

D：「生産担当者が変わる時、引継ぎがうまくされていなかった」

＊1. 工場では流れ作業によって仕事を分担することが多い。ある製品の生産業務を一緒にやってる人たちをラインという。　＊2. インダストリアル・エンジニアリングの略。効率的に生産を進めていくための手法。　＊3. 同じような製品を作る生産ラインの集まり。

ケース8の得点
A：3点　B：10点　C：1点　D：5点

解説

　ビジネスにおける改善とは「やり方を変えて、結果を良くする」という意味である。しかし50ページで述べたように、その結果ばかりを見つめていると、ケースのような現象が起こる。
　改善の典型的なパターンは次のようなものである。

　やり方1　⇒　対象①　⇒　結果a_1、a_2、a_3

　ある「やり方1」で「対象①」（この場合包装工程）でやっていると、いろいろな「結果」が出る。例えば生産時間（a_1）、不良率（a_2）、バラツキ（a_3）…。この中でa_1が"気に入らない"（生産時間がかかっている）ので、「やり方2」に変えてみる。こうするとa_1が改善されて時間短縮になった。しかし、しばらくその「やり方2」でやっていると、a_2が"気に入らない"（不良率の増加）ことに気づく、そこで「やり方3」に変えてa_2を改善する…。さらに「やり方X」を対象②（他工程、他工場）でやって"うまくいった"という"結果"を聞くと、水平展開（あるやり方を別の対象でやること）と称して自工程でそのやり方の一部をやってみる…とやっていくうちに、元の「やり方1」に戻っている。私はコンサルタントとしてこのケースのような現象を何回も見てきた。
　私はこれを改善シンドロームとよんでいる。改善シンドロームは工場に限らず、改善を日々行っている職場にはよく見られる現象である。
　しかしこういった改善にも別の面では大きな意味がある。それは毎日毎日同じ仕事を繰り返し続けている職場では、少しやり方を変えることで、その仕事をやっているメンバーのマンネリ感を取り、リフレッシュ感を与えられることである。どんなに良いやり方でも、ずっと同じことを続けていると、人は誰でも飽きて、疲れてしまう。仕事にはある程度の変化が必要である。

そのやり方で"仕事をやるわけではない"マネジャー（やるのはプレイヤー）は、このプレイヤーの"思い"を理解しながら改善を進めていくのだが、だからといって、むやみにやり方を変えてはならない。改善の基本は「結果を改善する」のではなく、「やり方を改善する」ことである。「やり方を改善する」のはマネジャーの仕事であり、マネジメントすべき行為である。「マネジメントされた改善」とは、やり方を計画し、その時点で結果を"予測"する。先ほどの例では「やり方１」を「やり方２」に変えたら、結果a_1の変化だけでなく、結果a_2、a_3…など「その他の結果」もどうなるかを予測しておく。さらには後になって水平展開を考えるのではなく、この時点で対象②、③…でも、その「やり方２」が使えるかどうかを考える。そのうえでどのやり方（「やり方２に変える」、「やり方１のままにする」）でやるべきかを冷静に判断する。これが「マネジメントされた改善」である。

　ケースの場合の現象で、もっとも考えられることは先ほど述べたようにBの仮説（改善シンドローム）であろう。

　Aの仮説は全くコントロールされていない工場なら考えられるが、このジャパンフーズのようにIEを取り入れている工場で「マニュアルを作らなかった」というのは考えづらい。同様の理由でCの「製品の変化でやり方が変わり、それが昔の製品に再び戻る」という仮説はさらに考えづらい。

　Dの仮説はある意味では正しいと思う。それはやり方の引継ぎではなく、「結果の予測」の引継ぎがなされていなかったことである。このケースにおいて誰が"悪い"かといえば、それは工場長である。工場長が"改善した時"に、結果がどうなるかを"考えられる要素"すべて（時間、不良率…）について予測していれば、つまり「マネジメントされた改善」をやっていれば、こうはならなかったはずである。自分が考えたやり方でも良い結果にならない要素があることをきちんとドキュメント化していれば、後で他の人が「結果が良くない要素」だけを見つめて、やり方をむやみにいじらなかったはずである。

ケース9　費用対効果を計算する

改善計画書を提出したら「費用対効果を入れなさい」と言われた。
でもどうやって入れればよいのかわからない…。

　九州東総電プロダクツ（略して QTP という）は、東総電が100％出資して作った製造子会社である。QTPは30年前、熊本県の誘致によって生まれた通信機部品のメーカーであり、その部品の70％以上を東総電に出荷している。近年ではQTPの生産能力の向上により、東総電以外のメーカーへの部品供給も徐々に増えている。QTPの生産ラインで働くメンバーのほとんどは熊本および近隣県出身のプロパー社員（QTPに入社した社員）である。一方マネジャーは10％、部長は50％、経営者クラスは100％が東総電から出向[*1]、または転籍[*1]した社員である。

　通信機部品の業界は韓国、中国からの進出が激しく、厳しいコスト競争の嵐の中にいる。数多くのメーカーが中国などへの工場移転や海外工場へのアウトソーシングを進める中、QTPは地元企業の"顔"として日々戦い続けていた。

　口村は東京の大学を出て、熊本へのUターンでQTPへ15年前に就職し、一貫して生産ラインを担当してきた。3年前から工程リーダー（課長の1つ下の役職）として、現場の工程をマネジメントする立場になった。

　2ヵ月前に口村の所属する製造一課へ、親会社の東総電から中村が課長として出向してきた。中村は先月のリーダー会議で、部下である8名の工程リーダーを前に、次のようなことを話した。

「わが製造一課にとって最大のテーマはいうまでもなくコストダウンだ。QTPではいたる所に、まだまだムダ、ムリ、ムラが見られる。私が過去の改善作業を見てみると、思いつきで手当たり次第にやっているようにも思う。もっと体系的な改善作業を行い、各リーダーが自らの工程のぜい肉を取り、筋肉

質なものに変えていってほしい。ついては来月以降、自工程で行うべき改善作業を各リーダーが考え、それを改善計画書としてまとめて、私に提出してほしい。今まで君たちがどうやってきたかよくわからないので、今回の改善計画はフリーフォーマットとする」

口村は5年前にIEの通信教育を受け、それを現場でも度々実践してきた。
「現場で思いつきでやるんじゃなくて、まずこうやって机に向ってやるべきことを考えていくことも大切だな。じっくり考えてみよう」

口村は改善作業をいくつか考え、計画書にまとめて中村課長へ提出した。

中村「何だ、この計画書は。費用対効果が入ってないじゃないか」

口村は改善にかかる費用、効果をそれぞれの改善作業ごとに計算してみた。
「まずはこの改善案件から考えてみよう。作業は私とメンバーの山田、佐藤でやり、設備課と機械課に手伝ってもらうとして、時間を積み上げて、原価計算で使っている単価をかけてと。よし労務費は80万円か。後は諸経費などを積み上げてみると、10万円だな。よしできた。効果は、来期オンライン[*2]になればこの工程の1名が削減でき、資材のコストもこれくらい減るし、エネルギー費も少し落ちるな。よし効果も"円"で表せた。だけどこれをどうやって計画書に入れればいいんだ？」

課題　この費用、効果をどのように計画書に入れればよいと思いますか？

A：効果から費用を引いて"実際の効果"を出す

B：費用の明細と効果の明細の対比表を作って、各費用項目でどれだけ効果が出るかをわかるようにする

C：費用を効果で割って回収期間を出す

D：効果を費用で割って効果の大きさを表す

[*1]. 会社に籍を残したままその会社の都合で別の会社で働くことを出向、籍を移してしまうことを転籍という。　　[*2]. 実際の工程でこのやり方を使うこと。

ケース9の得点
A：2点　B：1点　C：5点　D：10点

解説

なぜ中村課長は口村に費用対効果を出せと要求したのだろうか。

それはそもそも改善を行う前に計画書を出すことに理由がある。ケースで中村が言っているように、手当たり次第に改善をやるのは合理的でない。1つひとつの改善について、それをやるかどうか、やるとすればどの改善からどういう順番でやるかを考えなくてはならない。

やるかどうかを考えている時、中村の頭は次のようになっているはずである。

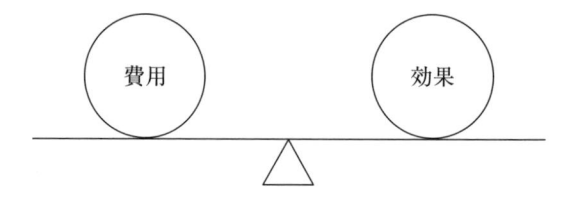

改善にかかる費用と、それによる効果を秤にかけ、「効果が重かったらその改善をやる」、「費用が重かったらその改善をやらない」というものである。

ではケースのA案のように「効果−費用」という引き算だろうか。しかしこれは"算数"を考えればわかる通り"できない"。一般に改善などの作業にかかる費用は、ある期間内に発生するものである。一方で効果はその後、長期間にわたって現れ続ける。費用が100万円で、効果が20万円／月では引き算ができない（「円」と「円／月」では単位がちがうので）。

そう考えればこの費用と効果の比較は"割り算"しかない。割り算なら単位がちがっても計算はできる。費用が円で、効果が仮に円で表せなくても（もちろん数字では表す。「表そうとしている実体」と「数字」が必ずしもジャストフィットしていないことはあっても「数字で表せないもの」はない）計算できる。

では費用、効果のどちらを分子にして、どちらを分母にすべきか。これには

一般にROIという考え方が用いられる。Return On Investment、の略であり、$\frac{R}{I}$（Iの上にRがくる）を意味する。効果（R）を投資（I：この場合は費用という表現が妥当）で割るというものである。ROIは効率性の指標としていろいろなところで"普通に"使われている。例えば店舗で、Rを売上、Iを商品（在庫額＝買った金額）と考えれば、ROI＝売上÷在庫額＝商品回転率となる。

　逆にC案のように費用を効果（"円"で表せた場合）で割って回収期間を求めるという考え方もある。例えば2,000万円の投資をして、効果が1年当たり500万円なら、2,000万円÷500万円＝4（年）となり「この投資を4年で回収できる」と考えるものだ（正確にいうと効果は長期にわたるので、割り引いて考える必要がある。詳細は拙著『経理のナレッジ』参照）。そのうえで「一定期間内に回収できるなら"やる"」とか、「もっとも回収期間の短い案を選択する」と意思決定するものである。しかしこのケースで考えられている投資（費用）は、ほとんどが従業員の給与（人件費）だ。回収とは「一度出ていったものを取り返す」という意味だが、いったい誰が従業員の給与を回収するのだろうか。経営サイドから見ても、回収という考え方はあまりなじまない。

　そうではなくて、「口村をはじめとする従業員はヒトという経営資源であり、これを配分する権限は経営者にある」と考える。その権限のうち製造一課のメンバーの時間配分（一定期間内にどんな仕事をやるか）に関することが、中村課長に権限委譲されている。中村はその配分された資源を有効活用する「マネジメント」という仕事を担当しているわけである。そう考えると、中村が改善の実施やプライオリティを意思決定しやすいように計画書を作ることが口村の仕事であり、この場合D案のROIが適切であろう。つまり中村が「ROIの高い改善案から選択していく」と考え、計画書を作る必要がある。

　B案のように、項目ごとに費用と効果を照らし合わせても、中村がどう意思決定してよいかわからない。

> ちょっとひとやすみ

マネジャーにもいろいろなタイプがいる

・**GOGOマネジャー**　明るく声が大きく、思っていることをズバズバ言い、チームに明るいムードをもたらす。目標、業績に興味があるようで、実は興味はなく、部下からも好かれる。少々マナーが悪い部下がいても「こらっ」と怒ることができる。ただ部下には強いが、このマネジャーの上司が下の"目標達成タイプ"だと「いいかげん」と思われてしまい、失脚してしまうことも多い。逆に上が同じGOGOタイプだとトントン拍子で出世していくことも多い。

・**目標達成マネジャー**　目標達成に人生のすべてをかける。性格は気が短く、せっかちで、テキパキと仕事をする。"とろい人"は許せず、極端な場合はその人に仕事を回さない。チームとして成績を出し、本人は出世していく確率が高いはずなのだが、チームワークを意識できず（人の意見を聞くのがきらい）、敵を作ることも多く、それで失脚してしまうこともある。

・**チームワークマネジャー**　人の和を常に考え、気配りし、仕事のできない人をうまくコーチし、優しさがあって信望が厚い。弱点は決断が遅く、上からも下からも優柔不断に見られてしまう。業績が安定していると力を発揮するが、上昇していく時はGOGOタイプに、下降気味の時は目標達成タイプにその席を奪われることが多い。それでもチームのため、企業のため、自分はどんな立場でも働いていく心構えができている。一緒に働いている時は意外とわからないが、転勤、転職したりすると「あのマネジャーは良かったなあ」と思われる。

・**まじめマネジャー**　論理的でクールで、まじめに仕事をコツコツやる。マネジャーとしては計画力、特に予測力が高く、激動期には比較的力を発揮しやすいが、それ以外ではまわりが彼の力をわからない。どちらかといえば1人で仕事をやる方が本来の力を発揮できるので、マネジャーをあまりやりたがらない。

　私は外からいろいろなタイプのマネジャーを見てきたが、「自分のタイプを変えよう」とマネジャーが思った時、ストレスを感じたり、崩れてしまうことが多い。自分のタイプを見極め、長所をうまく使い、短所があることを知る程度にする方がマネジャーとしてはうまくいくようだ。

ケース10　報告書を提出する

東の考えたメニュー提案（46ページ参照）は無事終わった。
そこで報告書を作り、営業本部長に見てもらったが、その反応は…。

　ハッピーマートの東は、「未来売場づくりプロジェクト」の第1回トライアルである「生鮮食品売場での夕食メニュー提案」について、計画書を次の通り再作成した。

計画書の概要

1. 実施事項
   生鮮食品売場における夕食メニューの提案
2. 実施対象と期間
   多摩店の生鮮食品売場にて、10月1日～10月31日の期間限定で実施
3. ねらい
- 当社としての新しいクロスマーチャンダイジングのあり方を考える。特にフレキシブルな売場である生鮮食品売場から情報を発信することで、きめの細かいプレゼンテーションが可能になると考える。
- メニュー提案により、当社売場への顧客の期待感が高まり、来店客数の増加およびストアロイヤルティ[*1]の向上が期待できる。
4. 達成目標
- 前年同月と比べ10月トータル来店客数が5％増加
- 前年同月と比べ10月の生鮮食品部門の売上が7％増加
- 前年同月と比べ10月の加工食品部門の売上が10％増加
5. 実施スケジュール
   下記スケジュールの通りに進める

項目	担当	8月	9月	10月	11月 ･･･
メニュー開発	八王子大学へ依頼	▬▬▬			
メニュースケジュールおよび商材確保	東および営業本部		▬▬▬		
マネキン手配	東		▬▬▬▬▬		
多摩店実施	東および販売支援企画課			▬▬▬▬▬	
実施結果のまとめ	東				▬▬▬

計画はほぼ予定通り実行された。

東は実施結果を次のような報告書としてまとめ、まずはこれを営業本部長に見てもらった。

報告書の概要

1．実施結果
- 生鮮食品部門の売上：前年同月比3％増加。（ただしメニューの提案対象となったアイテムは平均15％増加。）
- 加工食品部門の売上：前年同月比2％増加。（ただしメニューの提案対象となったアイテムは平均7％増加。）
- 来店客数：レジ通過数ベースで前年同月比0.4％のマイナス。（前年と比べ悪天候の日が続いたことが影響）

2．実施状況
- メニューは八王子大学家政学部中田教授および研究室の学生さんが積極的にサポートしてくれた。ほとんどのメニュー内容はお客様には好評だった。当初はすべて異なる1〜31日分のメニューを用意したが、やっていく中で極めて好評だったものは、少しアレンジしてもう一度実施するなどして、フレキシブルに対応した。
- 心配した生鮮の商材もすべて問題なく準備できた。
- メニューによってはマネキンではやや調理が難しいものもあり、八王子大学の学生さんおよび営業本部のメンバーに協力してもらった。

- 31日間夕食メニューは継続して提案した。なお日曜日には週間メニューを、最後の1週では朝食メニューと弁当メニューも追加で提案することとした。

3．考察
- 結果は「目標通り」とはいかなかったが、31日間メニューを継続できたので、達成感を感じた。八王子大学、営業本部、そして多摩店加工食品部門の村上バイヤーの協力に感謝している。
- 生鮮食品売場でメニュー提案をしてみて、近年純粋な生鮮品を中心に夕食メニューを考える人が意外に少なく、加工食品と生鮮惣菜品の組合せの方が購買インセンティブが働くことに気づいた。またメニュー提案の場所を常設とし、目立つスペースに持ってくるともっと効果が出たと思う。
- メニュー提案、クロスマーチャンダイジングについて、今後さらにプロジェクト内で、形を変え、店舗を変えてトライアルしていきたいと考えている。

営業本部長はこの報告書をさっと読んで、東に話した。

課題 この報告書を見て営業本部長はどのように評価したと思いますか？

A：目標を達成できなかったことについての反省がない
B：うまくいったこと、うまくいかなかったことの識別がされていない
C：報告書は計画書と実行とのちがいを書くものだ
D：どうすれば計画通りになったかという記述がない

＊1．その店への忠誠心という意味。その店の常連になるということ。

ケース10の得点
A：1点　B：1点　C：10点　D：2点

解説

　PDSのSEEには冷静さが必要となる。しかし自ら計画を立て（PLAN）、多くの場合自らもその実行（DO）に参加し、その結果を自らが冷静に評価する（SEE）ことは極めて難しい。マネジメントサイクルのSEEのポイントは、マネジャーがまずこの「難しい」ということを知ることである。

　SEEとはケースのAのように計画を実施した後によく反省するものでも、Bのように「うまくいったこと、うまくいかなかったこと」をはっきりさせて「うまくいかなかった理由」を考え、Dのように「どうすれば計画通りに実行できたか」と考えていくものではない。

　マネジメントにおけるSEEとは、次のCHECK、ACTIONという2つの仕事を行うものである。そのためPDSはPDCAともいわれる。

・[CHECK＝差異分析]　ケースのCに書いてあるように、計画（PLAN）と実行（DO）の"ちがい"をはっきりさせ、その"ちがい"を権限委譲を受けた上司に説明するもの。したがって計画書と報告書はその対応がきちんととれていることが求められる。すなわち計画書の項目は報告書にすべて入っている必要がある。ケースでいえば、計画書に記載されている実施事項、実施対象と期間、ねらい、達成目標、実施スケジュールという各項目が、すべて報告書に入っていて、"計画と実行のちがい"がはっきりとわかるようになっている必要がある。

・[ACTION＝次の計画に生かす]　PLANとDOのちがいをはっきりさせるのは、DOの反省をするためではない。"ちがい"を出し、報告書に「DOが終わった今となって考えてみると、どういうPLANにすればよかったのだろうか」を書くことである。これがACTIONである。それを計画書の各項目について、CHECKのちがいを見ながら考えていく。

例えば「PLANの夕食メニューに加え、DOでは朝食メニュー、弁当メニューについても行った」（CHECK）が、今度同じ計画を立てるとしたらどうするだろうか。このメニューを追加するだろうか。やはり夕食メニューだけにするだろうか。そしてそれはなぜなのかを報告する（ACTION）。

計画書の"ねらい"がDOではいつの間にか「ハッピーマート全体ではなく、多摩店のクロスマーチャンダイジング実験になっていた」（CHECK）。今考えればねらい通り実行するには、他店のプロジェクトメンバーも参加させる計画の方がよかったのでは（ACTION）。

SEE（CA）とは反省して、「今度はがんばります」と上司へ約束するものではない。「明日の計画」をより良いものにするためにやるもので、それによって計画力を高めていくものである。そしてこのSEEは本人のみならず、その会社全体のマネジャーの経験となり、良いナレッジとなっていく。

この枠組みをとっていかないと、どうしても「うまくいったこと」をまず言い、次に「うまくいかなかったこと」、「その原因」を言って、「次はがんばります」となってしまう。このタイプのSEEの最大の問題点は、実行とその結果しか見ておらず、計画がどこかへ飛んで行ってしまっていることである。だから何回も計画を立て、それを実行しても計画力が上がらない。

さらにいえば、こうやると「評価する対象」を「評価する人」（マネジャー）が自由に選べることになる。マネジャーが自分で作った計画を評価していると、「あんなこと計画書に書かなければよかった（来店客数5％増加）」、「結果として売上が伸びていることは事実なんだから」と思ってしまう。

マネジャーにとって、どんなに良い結果が出たとしても、計画はなかったことにできないものである。さらにいえば計画をペーパーに残すというのは「私はなかったことにはしません」という誓いであり、「逃げない」という姿勢を上司に見せるものだ。そしてSEEでも絶対に計画から逃げない。この「逃げない」という姿勢が上司から評価され、次の計画でも権限委譲がなされることになる。

ケース11　改善をがんばった

高山は改善に取り組んだが、3ヵ月目にして壁にぶつかってしまった。そして突破口を見つけ、ついに改善を成し遂げた。喜んで報告に行ったのだが…。

　ジャパンフーズの高山は、52ページにあるチーズプラントの包装工程の改善に取り組むこととなった。上司のアドバイスを受けながら、何とか計画書を作り上げ、「今回の計画は高山の責任の下に実行してみろ。プラントマネジャーは一切口を出さなくていい。まあ私が上司と思いなさい。自分の力でがんばってみろ」と工場長のGOも出た。高山はこのように仕事を完全に任されるのは初めてであり、何としてもうまく改善を実行したいと思った。
　高山の作った最終計画書の骨子は次の通りである（計画書内の別紙は省略）。

> **計画書概要**
> 1．改善内容
> 　①包装予備作業を出荷検品作業と一部並行して行う
> 　②包装作業体制を別紙の通りに組み変える
> 　③不良品排出装置のバランス調整を別紙の通りパラメータ化する
> 　④包装確認作業を出荷検品作業と同一人が行う
> 2．達成目標：包装工程の作業切替時間を4時間から3時間に短縮する
> 　　　ＲＯＩ：別紙の通り
> 3．スケジュール：期間10月1日～2月28日。詳細は別紙の通り

　高山は改善作業に着手した。当初の2ヵ月はオンスケジュールであり、極めて順調だった。しかし3ヵ月目に入って壁にぶつかった。どうしても不良品排出装置のバランス調整で、ねらったパフォーマンスが出ない。そのため予定していた包装確認作業と出荷検品作業の重複担当化ができない。

高山は本業の工程監督業務の間も、ずっとこの改善のことを考えていた。
「どこかに突破口があるはずだ」
　技術部が作った工程設計書を見ていて、ふとあることに気づいた。不良品排出装置のバランス調整ではなく、排出された不良品のうち良品へのリカバリーを、生産ラインにいるテンポラリースタッフ[*1]を使ってできないかということだ。テンポラリースタッフ４名の作業者工程分析[*2]を行い、このうち３名の手待ち時間[*3]を使って、この作業にあてられることがわかった。そして、さらに包装確認作業の90％をこのスタッフ３名に任せられることもわかった。
「待てよ。よく考えると前に組んだ包装作業体制もこのスタッフが前工程を担当し、このスタッフのやっている仕事をこっちの工程で受ければ…。よしもう１回この線で作業者工程分析をやってみよう。何とか行けそうだぞ」
　こうして高山は工場長に約束した納期で改善を終え、しかも目標を上回る効果を得ることができた。そしてこれらを報告書にするため、工場長のところへ意気揚々と状況説明に行った。
「工場長、やりました。皆の協力もあって、切替時間を目標の３時間を切って、２時間まで短縮しました」
　工場長はこの報告を聞いて何と言うだろうか。

課題　次のうち工場長の発言として、**不適切なもの**はどれでしょうか？

A：君は報連相という仕事の原則を怠っている
B：こういう時は変更計画書を提出すべきだろう
C：目標と実績の評価がこれでは意味ないだろう
D：これではスケジュールを作った意味がないだろう

[*1.] パートタイマー、アルバイト、派遣社員など忙しい時に、ある期間だけ働く人のこと。
[*2.] IEの１つの手法。作業する人に着目して、その人がどんな工程をやっているかをベースに分析していくもの。　　[*3.] 作業員が次の仕事を待って、仕事をしていない時間。

ケース11

ケース11の得点
A：10点　B：0点　C：0点　D：2点

解説

　PDSを権限委譲という観点で整理してみよう。44ページで述べたように、高山は計画書（PLAN）によって、これを実行する権限を工場長より委譲された。この委譲によって、高山は自分も含めヒト、モノ、カネなど本来高山が持たない「この計画に関する経営資源使用の権限」を持つことになる。

　この時高山は実行権限とともに実行責任も負うことになる。「この計画書に書いてあることはすべてやらなければならない」という責任である。これがマネジャーにとってのDOの意味である。

　得た権限によって高山は計画書に記載されている人たちへの指揮・命令権（本来は工場長が持っているもの）を持ち、計画を実行することができる。この実行において高山の指揮・命令下にいるメンバーは、高山に対してすべての面で報連相（報告・連絡・相談）を行う義務がある。何か問題がある時はもちろんのこと、順調に進んでいる時でも、日報などで「順調です」と定期的に報告する義務がある。メンバーは計画書を作っておらず、高山から権限を再委譲されたわけではない。

　一方、工場長と高山の関係は報連相ではなく、権限委譲である。実行責任は高山にあるのだから、工場長に「実行します。実行しました」という報連相は不要である。しかし「工場長との関係は権限委譲で終わり」というわけではない。工場長にもその実行がもたらす「結果」に対して「責任」がある。そのため工場長に対し高山はアカウンタビリティ（accountability：説明義務、説明責任と訳されるが、本書では義務、責任とはややニュアンスが異なるのでそのまま使う）というものを持つことになる。

　アカウンタビリティとは何らかの原因で計画と実行に差異が生まれ、計画を

変える必要が生じたり、実行することが不可能になったりしたら、権限委譲を受けた相手（工場長）にリアルタイム（定期的ではなく発生のたび随時）で説明しなくてはならないことをいう。

　ケースのAの「報連相の義務」というのは高山にはない。しかし計画書に書いてあることが「できない」とわかった時点で、高山にはアカウンタビリティがある。計画書の改善内容にある③が実行不可能になったのだから、この時点でアカウンタビリティである。ただしここで工場長にすぐ"相談"するのではない。「ではどうすればよいか。③に対する代替案はないか」を考えて、それが固まったらすぐに変更計画書を作成する必要がある（Bの指摘）。

　高山に「③をやる」権限はあるが、「③をやらない」権限はない。変更計画書を作成し、達成目標、ROI、スケジュールをすべて作り直して、この計画書に再度権限委譲を受ける。SEEのCHECKは、変更計画書と実行の「ちがい」という目で見る。前の計画書と実行を比較しても意味がない（C、Dの指摘）。

　特に目標についてはそうである。PLANの時点ではROIのところで説明したように、権限委譲を受けるために目標は必須である。計画時点の目標には3つのタイプがある。MUST目標（達成しなくてはならない目標）、WANT目標（できれば達成したい目標）、MAYBE目標（おそらく達成するであろう目標）である。しかしMUST目標は権限を「委譲される側」にあるのではなく、「委譲する側」にある。「切替時間を1時間短縮しなさい」（MUST＝上司の命令）に対しては「がんばって達成するようにします」（WANT）か「おそらく達成すると思います」（MAYBE）である。

　目標のSEEを行う意味は、当初の目標と結果とのちがい（CHECK）を分析し、今ならどういう目標にするか（ACTION）を考えて、次回の目標の精度を上げることにある。こうしてWANT目標をMAYBE目標に変えていく。今回のケースでは異なる計画（変更前）と実行（変更後）を比較することになってしまい、それではCHECKもACTIONも意味がない。これがCの指摘である。

> ちょっとひとやすみ

マネジャーは職種によって、まったくちがう仕事

・セールスのマネジャー　成績がトップのやり手セールスマンがそのチームで上がっていくことが多い。トップセールスがマネジャーになると何だか元気がなくなり、マネジメントではなく何とか元の得意なセールスをやりたいと願う。部下から「客先について行ってほしい」などと頼まれると、"とたん"に元気になる。マネジメントのポイントは数字つまり業績だけである。上がると喜び、下がると悲しむ。ただ上がらないからといって、何か手を打つわけではなく、「がんばれ」とメンバーに"気合"を入れる。

・工場などの作業部門のマネジャー　匠のようなトップ技能者がなることは少なく、「設計がうまい人」がなる。"改善やらせたら天下一品"というと、だいたいマネジャーになる。マネジャーになるとその目は当然のように仕事、次はそれを"する人"へ向く。部下からは愛されるというよりも、改善のうまさで尊敬されることも多く、プライドを持ってマネジャーをやっている人が多い。

・マーケター・研究職のマネジャー　マーケター（マーケティングのプロ）や研究者のように1人で仕事をすることが多いグループのマネジャーは、マネジメントがうまい人（うまそうな人）がなる。人を集めて何かやるのが好きな人で、その部門ではユニークな人材である。ただトップマーケターやトップ研究者がマネジャーに"まちがって"なると、マネジメントなどやらずに「みんな自由にやろう」と言って、いつの間にかマネジャーではなくなる。

・スタッフのマネジャー　一般事務職と経理などの専門職では異なる。一般事務職の仕事はなかなか「つらい仕事」であり、マネジャーの仕事は部下の人間関係やモチベーションを保っていくことにある。この部門以外からここのマネジャーに突然なることも多い。そうするとこのマネジメントが難しすぎて「投げやり」になり、時間管理しかやらず、何とかそこから逃げようとする。

　専門職の場合はその道のトッププロがなることが多い。そのグループでの疑問をすべて解決できる人がマネジャーとなるので、絶対的権限を持つことになる。力が強く、仕事へのプライドの高いマネジャーが多い。

シーン3

目標を達成する

ケース12　工数を見積る

仕事を受注する前に、どれくらいコストがかかるかを見積らなくてはならない。神様でもない限り、未来を当てることなんてできないのでは…。

　東総電のシステム開発部門には約300人のSEがいる。このSEは3部12グループに分かれ、それぞれに部長、グループマネジャーがいる。

　東総電では顧客からシステム開発の引合が入ると、担当のセールスマンが訪問し、仕様[*1]、希望納期など開発条件を整理する。条件がある程度詰まると、その案件はどこかのグループマネジャーに持ち込まれる。グループマネジャーは案件を受けると、難易度や規模から、受注した場合に開発のリーダーとなるプロジェクトマネジャー（プロマネと略される）を決める。

　指名されたプロマネは仕様から開発の規模を考え、顧客の希望納期なら何人くらいのSEが必要かを考える。そのうえでプロマネは部門内および協力会社のSEの稼働状況、今後の予定を見てプロジェクトメンバーを想定し、各作業段階（設計→開発→テストなど）ごとにスケジュールを引いて、開発工数[*2]を見積る。この見積工数から予定原価[*3]が計算され、この予定原価に一定の利益を加味してセールスマンが顧客に見積書を提出し、金額、納期が合えば受注となる。受注後、開発のためのプロジェクトが組まれる。

　東総電ではこの見積作業が問題となっていた。プロマネたちの意見は次のようなものであった。

「最近、引合ばっかりでちっとも注文が取れないじゃないか。取れなくったって見積しなくちゃならないし、本業を邪魔されてたまったもんじゃない」

「見積をもっと合理的にやる方法はないのかな」

「ファンクションポイント法みたいなのはどうだ」

「何それ？」

「仕様条件をインプットすれば、工数が自動的に計算されるやつだよ。過去の工数データを仕様パラメータで回帰分析するんだ」
「よくわからん」
「まあパターンごとに過去の工数の平均値を出すようなもんだ」
「そんなの当たらんだろう。たしか取引のある大手ソフトハウスでずっと前に入れて、ちっとも当たらんとぼやいていたぞ」
「どう考えてもそう簡単に当たるとは思えないなあ」
「見積のプロを1人作ったらどうだ。そいつが1人ですべての見積をやるんだ」
「人が考えた工数でやって、工数オーバーで赤字になったら、誰の責任になるんだ。見積した方？　開発した方？」
「見積に時間がかかることより、そっちの方が問題だろう。見積の時間なんて"たか"が知れている。それより見積の精度向上だろう。何とか"ぴたっ"と当たるようにしなくちゃいけないだろう。プロとしての見積能力向上のアップだよ。そんなセミナーでも受け、トレーニングするのがいいんじゃないか」
「いやそれは能力でなく、責任感の問題だろう。当たんなくても特に何も困ることがないからだろう。まあ自分のプロジェクトで赤字を出すとボーナスにひびくけど。原価の"当たり具合"でプロマネにコミッション*4でも出したら」

課題　あなたが東総電のマネジャーならどの案に賛成しますか？

A： ファンクションポイント法を使う
B： 見積のプロを作る
C： 見積能力向上のトレーニングをする
D： 見積の当たり具合でプロマネがリターンを得る

*1. どんなシステムを作りたいかという内容。　*2. 何人で何ヵ月くらいかかるか。10人で5ヵ月なら50人月。　*3. 開発にいくらかかるかという標準原価のこと。　*4. 仕事の結果に応じて支払われる給与。

ケース12の得点
A：10点　B：4点　C：0点　D：2点

解説

　権限委譲を行うための計画の中で、目標は大きなテーマである。69ページで述べたようにマネジメントにおける目標は「ノルマ」(MUST)や「努力目標」(WANT)ではなく、MAYBEとする必要がある。このMAYBE目標を立てるということは、予測という仕事と同意である。

　予測とは何らかの未来の"数字"を出して、その後しばらくして"結果としての数字"が出るものをいう。また予測のうち期間内に発生するカネや日数を対象とするものは"見積"とよばれる。予測とは次のような構造の仕事である。

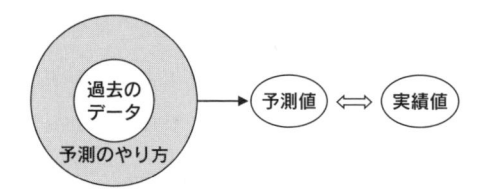

過去のデータ 予測のやり方 → 予測値 ⇔ 実績値

　過去のデータをもとに一定の"予測のやり方"で（過去のどのデータを使うかなどを含めて）、予測値を出すというものである。これ以外で未来の数字を出すものを"カン"とか"予想"などという。

　ケースで考えてみよう。まずここで議論すべきことは"予測のやり方"である。やり方をブラックボックスにして、予測値がどれだけ実績値に近くなるかを議論しても意味がない。

　過去、人類は予測について1つの結論を出している（というよりも賢い人はこれに合意している）。予測は"何らかのやり方"でやってみて、予測値を出し、実績値と比較して（当然どんな方法であっても、ぴったり合うはずがない）、差を出し、どうすればその差が小さくなるかを考えて、次の予測のやり方を変えていく…というものである。これを数学の世界では回帰分析（今まで予測し

た"たくさんの"予測値と実績値との差が、一番小さくなるように予測のやり方をどんどん変えていく）という。一方ビジネスの世界でこれにあたるのがPDCAである。予測のやり方を考え（PLAN）、やってみて（DO）、実績とのちがいを見つけ（CHECK）、やり方を変える（ACTION）というものだ。

ケースのファンクションポイント法というのはまさに回帰分析であり、PDCAというマネジメントそのものである。これはケースで述べているようにパターンごとにとった過去の工数の平均値のようなものである。この平均値を見積の開発工数としてそのまま使わなくてはならないわけではないが、平均値を見積に利用しない手はない。どう考えてもファンクションポイント法を使わないという結論にはならない（もちろんファンクションポイント法以外の回帰分析を使うことは選択肢としてあるが）。つまりAの意見は否定できない。

Bの"見積のプロを作る"という方法は、現状の見積作業よりはベターかもしれない。しかしいずれこの"プロ"はファンクションポイント法のような平均値を使うことが合理的だと気づく。そしてこれに"カン"のようなものを加味するであろう。しかしこのカンは上のCHECK、ACTIONの過程をたどるものであり、これを生むにはPLANとDOが必要である。当初はカン（過去、自然に行っていたPDCAから生まれる）があっても、見積だけをやり続けていけば（DOとSEEにタッチしなければ）いつかはこのカンがなくなっていく。つまり"見積のプロ"としての力といえる"カン"はキープできない。

Cは一体何をトレーニングするかがよくわからない。過去のデータ以外に使うとしたら、"カン"しかないが、カンをトレーニングするわけにはいかない。

Dには大きな問題がある。見積工数と実績工数の差を成績とするのだろうが、実績工数の方はプロマネがある程度調整できる（少なくとも見積工数＞実績工数の場合は）。したがって差を小さくすることができてしまう。そうなるとプロマネに自然と見積工数を"大きくしよう"というインセンティブが働く。結果として東総電は価格競争力を失ってしまうリスクを抱えることになる。

ケース13　売上目標が降りてきた

広島営業所長は上司の支店長から、来期の目標売上高を聞いてびっくりした。そんな額とてもとても行くとは思えない…。

　ジャパンフーズでは、基本的には年度単位に売上予算の大枠を設定している。そのうえで四半期単位、月単位でその微調整を行っている。

　予算の流れとしてはまず、経営側で会社としての目標利益から会社全体としての目標売上高を設け、各支店ごとの目標売上高をとりあえず設定する。

　一方、各営業所では前期の実算[*1]をベースとして、各セールスマンが自らの当期の売上見込みを考え、顧客別および月別の売上計画表を作る。その売上計画表が営業所長へ集められ、各セールスマンと所長の間で調整がつくと、所長は営業所全体の顧客別・月別の売上計画表をスタッフとともに作り、上司の支店長へ提出する。支店長はこれを積み上げ、支店全体の売上計画表を作る。

　そのうえで支店長会議が開かれ、経営側からの支店別目標売上高と、現場からの支店別売上計画の間で予算調整を行い、さらに支店長と営業所長の間でも目標の調整が行われ、予算が確定する。

　ジャパンフーズでは現在来年度の予算作成が進行中である。経営側としては、昨年度新発売した「豆乳ブレンド」などの豆乳製品が、健康ブームに乗ってマーケットで受けていることもあって、新健康商品のさらなる投入を考えており、かなり強気の目標を立てた。テレビコマーシャルも健康食品事業に集中投下して、思い切った勝負に出ようと思っていた。

　中国支店広島営業所長の太田は支店長からの通達を見て、びっくりした。太田は山口営業所長から広島へ移って4年目であるが、こんなに高い伸びの目標を要求されるのは初めてだった。

「セールスマンのパーヘッド[*2]の売上高をベースとして考えているんだろう

が、東京ならまだしも広島でこれだけ伸ばすのは大変なことだぞ。営業所のメンバー7人の積み上げと、支店長からうちに来た営業所目標は、15％もかい離している。特に乳製品はここのところ広島では負け続けているし、回復の見込みもない。戦略商品の豆乳ブレンドだって大都市マーケットとはちがい、広島のような地方都市マーケットはその反応が鈍い。東京で受けてから大体1年、2年先にその反応が出る。しかも広島エリアのマーケットはここ数年、大型店の出店ラッシュで大変なことになっている。消費者のパイが増えない中で流通戦争が起こって、販売価格競争となり、エリア全体としての売上高は逆に落ち込んでいる。だからといって広島営業所としての販促費の枠（ジャパンフーズでは小売など流通業への納入価格を下げる場合、販売促進費としてその予算枠を決めている）は変わらないだろうなあ…。本社も営業所の販促ではなくテレビコマーシャルにカネをかけるんだろうなあ。しかし予算の達成率で給与、ボーナスが決まるわけだしなあ。自分はマネジャーなんだからそれでも仕方ないけど、うちのメンバーはこんな目標を受けたら、かわいそうだよな…」

課題　あなたが太田さんならどのような対応をとりますか？

A：経営目標を達成するには各営業所が売上目標を達成しなければならない。このことを営業所のメンバーに理解してもらい、何とかがんばる

B：達成できない目標を甘んじて受けるのではなく、営業所のメンバーを守るためにも、これを断固拒否する

C：このままでは絶対に目標を達成することが不可能なことを支店長に説明し、支店長経由で販促費の増大を要求する

D：広島営業所のパイからすると、どう考えてもこの売上目標を達成しないので、セールスマンの減員を申し出、パーヘッドに応じた目標に減額してもらう

＊1. 予算に対して実績を実算という。　＊2. 1人当たりのこと。

ケース13の得点
A：0点　B：1点　C：3点　D：10点

解説

　企業がある程度の規模になると、必ず予算というマネジメントシステムを取り入れる。そして多くの企業では現場マネジャーの理解不足によって、この予算システムの問題点ばかりが目立つようになる。企業が成長期であれば問題点はあまり表面化しないが、売上が伸び悩んでいる安定期では「売上を伸ばしたい」という思いが企業内に蔓延し、いつの間にか予算目標はノルマや努力目標のようになってしまう。これは69ページで述べた計画における目標であり、ノルマ（MUST）でも、努力目標（WANT）でもなく、予測値（MAYBE）である。そして予算とは現場と経営の目標を橋渡しするマネジメントシステムである。

　予算システムのフローを一般的な例で簡単に説明しよう。まず経営者が株主から権限委譲を受けるための目標利益という約束値を考える。次に前期の経費実績などから経費予算（経費をこれくらいで抑えよう）を立てる。あわせて当期の目標売上総利益率（売上総利益／売上高＝（販売価格－原価）／販売価格。1円売れたらどれくらい利益が増えるか。正確にいうと限界利益率）を設定する。これによって原価戦略が決まり、原価予算、仕入予算が組まれ、あわせて価格戦略（価格を上げるか、下げるか）が決められる。

　次に「目標利益＋経費」（これが目標売上総利益となる）を目標売上総利益率（限界利益率）で割って、全社の目標売上高を設定する。こうして経営が約束する"目標利益"を、現場のマネジャーがコントロール可能な"目標売上高"に変え、それに伴う目標原価、目標経費などを設定していく。

　さらにこの目標売上高を、各アカウント（売上が発生する単位。ケースでは支店、営業所）に振っていく。この場合には2つの観点がある。1つはそのアカウントに配賦された経営資源（ヒト、モノ、カネ）に応じて行うものであり、

ケースではセールスマンという経営資源に着目して（支店に何人いるか）、パーヘッド（1人当たり売上高）と表現している。つまり多くの売上高を出すと思われるところに、多くのセールスマンを配置するというものである。もう1つはエリアマーケティングなどによるもので、そのエリア（ケースでは広島地区）などが持っているパイ（人口などによって想定される商品への需要）の大きさに応じて振るものである。多くの企業はこの2つを組み合わせて配賦を行う。

一方でこれと並行して現場が過去の実績、明日の環境変化などを考えながら売上計画を作り、支店、営業所といったアカウントごとに積み上げ、トップダウンの目標売上高と調整を行う。ここでは多くの場合「目標売上高＞計画売上高」となるので、この2つがイコールになるように調整する。これが予算調整という仕事であり、アカウントマネジャー（アカウントの責任者）のもっとも大切な仕事である。決して目標売上高をメンバーに理解してもらったり（ケースのA）、計画売上高の妥当性を上司に主張すること（B）ではない。

この予算調整の具体的作業としては、例えば設定した売上総利益率を変えてみたり（価格戦略を見直して販売価格を変える。生産戦略を見直して目標原価を変える）、経費をコストダウンする方法を考えてみたりすることで、目標利益額を変えずに目標売上高を下げる方法を考える。あるいはその逆に計画売上高のアップを図り、目標売上高とイコールにしたりすることを考えていく。この時のマネジャーの仕事はこの反応（価格を下げたら売上はどう変わるかなど）を経営側にきちんと伝えていくことである。

ケースのCは経費の増額を要求しているが、この場合はその結果としてさらなる目標売上高のアップを覚悟しなくてはならない。ケースの記述からこちらの達成の方がもっと困難なことが読み取れる。

結局、セールスマン個々の計画売上高が妥当であれば、広島エリアのパイを考えると、Dのように営業所長としてはセールスマンの減員による目標売上高の減額がもっとも現実的な選択肢になると思う。

ケース 13

ケース14　アンケートの目標を何とするか

店舗のお客様へアンケートをとることになった。
やるからにはそのアンケート調査の目標を決めなくてはならない…。

　ハッピーマートでは合併を機に、旧2社の営業本部にあったお客様対応グループ（クレーム対応など）と、広報室にあった地域広報担当（地元住民への対応など）を集約して、社長直轄のお客様満足推進室を作った。この室長には旧江戸スーパーの営業本部で店舗商圏[*1]分析チームのリーダーをやっていた金田が任命された。金田は江戸スーパーへ25年前に入社し、店舗運営を7年、バイヤーを8年やり、その後営業本部と店長の間を行ったり来たりしていた。
　お客様満足推進室長になった金田は、その発案者である社長の意向をヒアリングした。
「わがハッピーマートの原点は商品でも、店でもなく、お客様である。わが社は価格、商品、店舗サービスによって他店に負けない店舗を作ることが目標ではない。一人でも多くのお客様にご来店いただき、『ああこの店で買ってよかった。また明日も来よう。近所の人や友達にも紹介しよう』という満足感を与えることが目標である。江戸スーパーと横浜リテールはこの理念が一致したから合併した。しかし振り返ってみれば両社とも時代の波に押し流され、今日の売上ばかりを追いかけ、ライバル店に勝った、負けたばかりに目が行き、お客様の気持ちは"ないがしろ"になっていた。君の仕事はこのお客様の気持ちを、店舗の外から見てつかむことだ。君が今まで営業本部でやってきた商圏分析の考えを生かし、売る立場ではなく買う立場で当社を見つめてほしい。そしてそのお客様の気持ちを『見える化』してほしい」
　金田は正直いって困り果てていた。
「要するにこのチームの仕事は何なんだ。お客様の気持ちって、今はやりの顧

客満足度のことだろう。しかし顧客満足度を高めるのは店舗の仕事だろう。『見える化』か…。数字で表せってことなんだろうなあ」

　お客様満足推進室は金田を入れて6名である。まずはミーティングを行い、今後の活動について話し合うこととした。

「何だかお客様満足なんて雲をつかむような話ですよね」

「常識的に考えれば、現状を把握することからスタートすべきですよね」

「だったら各店舗でお客様アンケートをとるというのはどうですか。品揃え、店員サービス、価格、レジ対応、…などの項目について、満足度を5点法くらいで評価してもらいましょうよ」

「いいねえ。2点以下の『不満足』ならその理由も聞きたいよね」

「でも店舗としてはいやがるだろうな。そんなことやったって、どう考えても売上は伸びないし、それにお客様だってめんどくさがるんじゃないの」

「じゃあうちの経費持ちで、アンケート回答者に抽選で賞品を出そうよ」

「いずれにしても、これをやるかどうかは各店舗の店長の判断に任されることになるよな。社長命令ってわけにもいかないし…。店舗の協力なしで、無理してアンケートを強行すれば、かえって意味のないものになるだろうし」

　こうして店舗での顧客満足度アンケート調査を実施することになった。ハッピーマートでは目標管理[*2]を実施している。金田はこのアンケート調査についても達成目標を数値として挙げなければならなかった。

課題　あなたが金田さんなら何を達成目標としますか？

- **A**：アンケート実施店舗が全店舗数の80％を超えること
- **B**：満足度調査の結果、平均評価点が4.5を超えること
- **C**：アンケート回答者が全店で2,000人を超えること
- **D**：店舗への不満足理由が100件以上挙がること

*1. その店の顧客が存在している範囲。　　*2. 自分の目標を自分で立て、管理していくこと。

ケース14の得点
A：1点　B：0点　C：3点　D：10点

解説

　計画を立てる際、営業、工場などの現場と異なり、ケースのようないわゆるスタッフ部門ではその目標設定が難しいことが多い。78ページで述べた予算システムにおいても、目標ではなく経費の上限が決められることが多い。経費コントロールが可能な職場であれば、それをコストダウンという目標に切り替えることもできるが、ケースにあるお客様満足推進室のような経営スタッフ部門はこれが極めて難しい。営業部門の売上高、工場部門の原価のように、はっきりとした"数字"で表せるものが少ないからである。しかし多くの企業では（特に目標管理を導入している企業では）"見える化"などと称して、すべての部門において目標を数値で表すことを求めている。

　この目標設定時にマネジャーがまず考えなくてはならないことは、「数字に"しやすさ"」や「数字と実態のフィット度」（その数字がどれくらい実態を適確に表しているか）ではなく、今やろうとしていることの目的は何なのか、その目的を達成しているかどうかを測るには何を目標にすべきかということである。そのうえで「どうやって数字で表すか」と考えていく。

　ケースのお客様満足推進室であれば、その目標はどう考えても顧客満足度という"数字"が、その目的（お客様の満足感を高める）からして適当である。一般に満足度という"数字"は次のように表される。

$$満足度 = \frac{現在の状態}{絶対満足}$$

　顧客満足度における「絶対満足」とは、1人1人の顧客が「これなら満点」とつける状態である。「現在の状態」とはケースでいえば"それと比べた店の実態"である。すぐに気づくと思うが、この2つ（絶対満足、現在の状態）は

ペアであり、いくつかの項目から成り立っている。顧客サービス、品揃え、価格、店の雰囲気、閉店時間…。そしてこれらの項目はどれも同じように大切だというわけではなく、1人1人の顧客によってそのウエイトがある（「私は何といっても品揃え」など）。このウエイト（例えば「大事＝3、普通＝2、たいしたことない＝1」）と評価点（例えば「大満足［絶対満足のこと］＝5、満足＝4、普通＝3、やや不満＝2、ひどい＝1」）の積（かけ算）をすべての項目について積み上げることで、1人1人の顧客満足度が決まり、各人の顧客満足度の和が各店舗、さらにはハッピーマート全体の顧客満足度となる。

　ケースにおけるお客様満足推進室はまだできたばかりである。ここでまずやるべきことは、この「絶対満足」と「現在の状態」を測る"項目"と"ウエイト"をはっきりさせることである。言い方を換えればお客様は店舗をどういう項目で、どういうウエイトで評価しているのかという仮説を立てることである。

　この仮説を立てるために「店舗でアンケートをとる」と考える。そうなるとこのアンケートは「絶対満足の項目とウエイトを決める」ことが目的となる。この目的のもとでどのような目標が妥当かと考えてみる。

　ケースのAではアンケートをとること自体、あるいは店舗に気持ちよくアンケートをやってもらうことが目的となってしまう。

　Cの"対象人数"も1つの要素ではあるが、目的が「アンケートを実施する」ことではなく、「顧客満足度の項目を知ること」ならやや的ハズレともいえる。

　Bではその目的が店舗において顧客満足度が高いことを証明することになってしまう。そんなことを知っても満足度を上げる方法は思いつかない。むしろ"不満"にその顧客満足度の項目を見つける方がノーマルであろう。

　そう考えると不満足項目が多く挙がり（「なぜ満足していますか」という質問には答えづらいが「なぜ不満ですか」という質問の方がその理由を答えやすい）、そこに顧客満足度の項目、ウエイトのヒントを見つけることが、このアンケートの成否を決めることになる。つまりDの目標が妥当といえる。

ケース15　予算が達成できない

ライバル商品がヒットして、大ピンチ。これでは予算目標に行きそうもない。こんな時マネジャーとして何をしたらいいんだろう。

　ジャパンフーズ東北支店は今期苦戦していた。ライバルメーカーであるフューチャー食品が豆乳ヨーグルトという新製品を発売し、記録的なヒットとなった。これがテレビの情報番組で取り上げられ、一大"豆乳ブーム"を生んだ。しかし豆乳ヨーグルトの一人勝ちの様相を呈し、ジャパンフーズの豆乳ブレンドは前年割れとまではいかないが、期初に想定した伸びには届かなかった。
　東北支店秋田営業所長の秋本は焦っていた。期末まであと1ヵ月を切っているが、営業所の予算達成率は90％だった。
「まいったなあ。俺もいよいよ正念場だな。メンバーには予算必達と言い続けていたのに、どうしてこんなことになっちゃったんだろう。やっぱりフューチャー食品の豆乳ヨーグルトのヒットは痛いよなあ。あれで健康食品全体のカテゴリーリーダー[*1]の座を取られた店が多すぎた。でも言い訳してもだめだ。何としても売上予算は達成しなきゃ。まずターゲット店を決めよう。そうだ、ABCストアには前に"貸し"があったなあ。特売やるんで随分こっちも協力したし、人も出した。今回はこんな時だから、少しは協力してもらおう。ABCストアに限らず、今度の所内会議でセールスマンに最低1店ずつターゲット店を出させよう。このラスト3週間は期末セールス・キャンペーン期間としよう。何とか予算達成して皆で祝杯をあげたいなあ」
　同じ東北支店内の盛岡営業所も同様に苦戦していた。しかし所長の岩田は秋本とはちがう考えだった。
「まあこういうこともあるさ。あと1ヵ月しかないし、今さらじたばたしたってしようがない。とりあえず今期の『悲観的見通し』と『楽観的見通し』の2

つを支店長にメールで連絡しておこう。セールスマンもこういう時は自分の予算を達成したくて無理するからなあ。気をつけなくちゃ」

そして期末を迎えた。秋田営業所、盛岡営業所とも予算は未達[2]に終わった。期が終わり、売上高がすべて締まった段階で、支店内のマネジャー会議が開催された。前々期は全営業所が予算を達成できたが、前期は仙台がかろうじて達成しただけで、残りの営業所はすべて未達となり、会議のムードは暗かった。

まず秋本が秋田営業所の前期を振り返って報告した。

「セールスは数字がすべてですので、言い訳はしません。わが営業所のセールスマンたちは全員がんばって、歯をくいしばってでも予算達成しようと必死にやったのですが、矢折れ刀つきてしまいました。ひとえにマネジャーとしての私の力不足です。ただ今期は何としてもやります。2期連続未達などしたら、私は責任をとって所長の座を返上します」

次に岩田が発言した。

「未達の原因はフューチャー食品の豆乳ヨーグルト、および営業所のエリア内の丸大スーパー3店舗の閉鎖といえます。丸大スーパーの顧客は主にナショナルチェーン[3]の大型店に流れたと考えられますが、当営業所は丸大スーパーとの関係からこれらのナショナルチェーンとの関係がいまひとつであり、関係修復に時間をとられたことが大きく影響しました。今期の予算はもう先週から入っていますが、ここで今期の目標予算の見直しが必要と考えます」

課題 あなたは予算遂行中、遂行後の2人についてどちらを支持しますか？

A：遂行中、遂行後ともに秋本のような行動
B：遂行中は秋本、遂行後は岩田のような行動
C：遂行中は岩田、遂行後は秋本のような行動
D：遂行中、遂行後ともに岩田のような行動

[1]. そのカテゴリーの中心的メーカー。　[2]. 目標に達成しないこと。　[3]. 全国チェーン。

ケース15の得点
A：0点　B：3点　C：3点　D：10点

解説

　予算とは"予め計算する"という意味であり、74ページで述べた予測という"仕事"の1つである。

　セールスマネジャーにとっての売上予算は、その期間の売上を現場の代表者としてマネジャーが予測していることになる。この予測（目標設定）という仕事では「当たる」ことも確かに大切だが、それがすべてではない。仮に「はずれても」、それによって次は当たるようになるかもしれない。はずすことによって予測の精度を上げていくことができる。予算の後に実算が出て、そのちがいを分析し（CHECK）、今考えればどういう目標を立てたのだろうかと考え、明日の予算、目標設定に生かす（ACTION）。これがPDCAであり、マネジメントの基本である。予算とはPDCAというマネジメントサイクルそのものであり、マネジャーとしてマネジメント力がもっとも試される仕事といえる。

　まずは予算遂行中の秋本、岩田の2人の行動を考えてみよう。

　秋本は「がんばって何としてでも予算目標を達成しよう」としている。それ自体は否定できない"考え"かもしれないが（ただ、それまでメンバーが「がんばっていない」という仮説を持っているのは問題だと思う。今まで「がんばっていない」から「がんばれば何とかなる」と思ってしまうのだろう）、ABCストアなどの店舗に無理してお願いして自社商品を押し込んで置いてもらっても、ジャパンフーズにとって幸せはないことは少し考えればわかると思う。商品を押し込んだ店舗が、特売などのディスカウントセールで、価格を下げて無理して"まとめ売り"をすれば、ジャパンフーズにとっては"明日の需要を先食い"（消費者が明日買うものを、安いから今日"まとめ買い"をする）しただけである。

これは見方を変えると「実算をいじっている」のと同じである。そうなると明日を"先食い"して問題なだけではなく、CHECK、ACTION を意味のないものにし（「作った実績値」と予測値を比較しても仕方がない。それを使っても当たるようにはならない）、その結果明日の予測（来期の予算立案、目標設定）を極めて難しいものにしてしまう。むしろ岩田が言っているように、セールスにおいて「無理な販売」はマネジャーとしては禁止すべき行為である。それがマネジメントであり、38ページで述べたコントロール（やってはいけないことはやらない、やらせない）である。

　実算（DO）が予算（PLAN）に行かないとわかったら、マネジャーとして本来とるべき行動は、岩田のように、68ページで述べたアカウンタビリティを上位権限者である支店長にすることである。すなわち期初の見通し（予算）が変わったのなら、これをいち早く権限委譲を受けた上司に伝えることがマネジメントの原則である。

　次に予算遂行後を考えてみよう。この会議でなすべきことは、冷静な SEE、つまり CHECK と ACTION である。CHECK とは、秋本のように「言い訳しません。私の責任です」と反省することではない（もちろん言い訳することでもない）。マネジメントにおける CHECK は、予算立案時と実算を比較して、その"ちがい"をはっきりさせることである。そのために予算は総額だけでなく月別、店舗別、商品別などの資料を作っているはずである。これを使ってどの月に、どの店舗に、どの商品にちがいがあったのか、それはなぜかと考えていくものである。秋本のような"結果重視のマネジャー"はこういう資料をまじめに作らないし、使わない。（作ってもこの CHECK 局面で使わないので、意味がないといえばないが。）そしてこの CHECK を受けて ACTION、つまり"ちがいの分析"によって次の計画に生かすことである。次の予算はもう走っている。この予算に（実算ではなく）どうやって生かすかを考えるべきであり、ここでも岩田のような言動が適切といえよう。

ケース16　目標は売上か、粗利か

店舗の目標を売上とすべきか粗利とすべきか。
店舗の販売価格は一体誰が決めるのか。2つとも難しいテーマである。

　ハッピーマートでは旧2社の予算システムの完全統合を検討していた。合併当初は旧2社の営業本部はとりあえず一緒にはなったが、予算立案および遂行は旧2社の店舗単位で別々に行っていた。

　旧江戸スーパーは店舗の自主性が強く、仕入、在庫、販売といった店舗オペレーションは各店舗の店長、バイヤーの裁量にすべて任されていた。予算目標は売上と粗利[*1]の2本立てであり、各店舗はこの"両方の目標"を達成して、はじめて"達成"としていた。しかし近年では売上は何とか達成するが、粗利が目標には達しないという店舗がほとんどだった。

　一方旧横浜リテールは本部統制が強く、スーパーマーケット、ディスカウントストアといった業態ごとの営業本部の担当者が、各店舗の基本的な品揃え、価格政策を担い、仕入に関してもベンダー[*2]交渉は本部中心になされていた。店舗のバイヤーは日々の仕入と店舗の商品陳列が、店長はオペレーション管理が主な仕事であった。また店舗側の予算は売上目標のみであり、月々の売上目標を達成していくことが、店長、バイヤーのミッションであった。

　合併後問題になったのは、旧2社の日用雑貨品の販売価格差であった。同じ商品でも旧江戸スーパー店の方が旧横浜リテール店より価格は安いものが多く、最大20%程度の価格差があった。何と旧横浜リテールのディスカウントストアより、旧江戸スーパーの方が価格が安い商品も数多くあった。

　ハッピーマートでは全店、全部門を一気に統一していくのは難しいので、日用雑貨部門の価格設定を含めた予算システムの統一から着手した。まずは各店店長、日用雑貨品部門のバイヤー、営業本部員が集まり会議を開いた。

テーマは3つあった。1つは予算の最終責任部署を店舗側とするか、本部側とするかである。これはすぐに店舗側とすることで合意された。業態の異なる店舗の予算責任を本部側でとると、営業本部を業態別の組織とせざるを得ず、そうなると現在進められている営業本部内の商品部門別グループへの移行を根底からくつがえすことになる。特に今回は日用雑貨品部門について行うこともあり、最終責任は店舗とすることで合意した。

2つ目は何を予算目標とするかである。これは売上、粗利、商品回転率（売上／在庫）などが挙げられた。大勢の意見は「指標が2つ以上では混乱してしまう。1本にすべき」ということであったが、それを何にするかはもめた。予算の仕組みからいって、売上か粗利にすべきということは決まったが、どちらにするにしても問題があった。利益志向の当社にとっては、粗利目標の方がベターと思われるが、粗利にすると売った時にその成績が現場では直感できない。しかも短期的には粗利を落とすことになる在庫処分を店舗がいやがり、結果として在庫が増えてしまうのでは…といった問題点が挙がった。

3つ目は商品の販売価格の決定権である。これは店長か本部側かで意見が分かれた。店長は商圏内のライバルや店の状況などによって、店舗で価格設定をフレキシブルにやっていくべきという意見であった。一方本部側はそんなことをやっては安売りの歯止めがきかなくなるというものであった。

課題 あなたがハッピーマートのマネジャーならどの意見に賛成しますか？

A：店舗の予算目標は売上で、価格決定権は店舗
B：店舗の予算目標は売上で、価格決定権は本部
C：店舗の予算目標は粗利で、価格決定権は店舗
D：店舗の予算目標は粗利で、価格決定権は本部

＊1.流通業では売上総利益をこう呼ぶ。(販売価格－仕入価格)×販売数量の和　＊2.店舗に商品を届ける卸売業、メーカーのこと。

ケース16の得点　○
A：1点　B：7点　C：10点　D：3点

解説

　78ページで述べたように、予算目標は一般的には「(目標利益＋目標経費)÷目標限界利益率(目標売上総利益率)＝目標売上高」という形で、経営(利益)と現場(売上)の目標のインターフェースをとる。

　しかしライバルとの競争が激しい現代のマーケットでは、この限界利益率(≒売上総利益率＝粗利率＝利幅)を全商品で一定にすることができない企業が増えている。その企業が扱う全商品に一定の利幅が期待できないならば、こういった形で目標売上を作っていくと、どこかに矛盾をもたらす。例えば予算上で想定していた利幅の"高い商品"と"低い商品"の構成比が実際の販売で崩れてしまうと（多くの場合利幅の低い商品がたくさん売れる）、現場では目標売上高を達成していても、経営としては目標利益を達成できないことになる。

　近年のメーカーでは、ポートフォリオ的発想（"金のなる木"でもうかったカネを"花形商品"に投資する。つまり利益商品は利幅を大きく、勝負商品は利幅を小さくする）をとることがノーマルである。この時"金のなる木"は伸びが止まっているので予想したほど売れず、花形商品はカネをかけプロモーションしているので思った以上に売れて、上記の問題が現れる。ポートフォリオ戦略をとった時の常套手段は、売上総利益率(粗利率)がほぼ等しい商品を1つのグループとして、その単位に組織（商品事業部、SBU[*1]など）を作り、ここで別々に予算を組んでいくことである。つまり商品事業部、SBUごとに目標利益を決め、会社全体の経費をここに配賦して目標売上高を決める。

　ハッピーマートのような小売業では、メーカーの商品事業部、SBUにあたるものが店舗ということになる。しかし店舗の中の商品には、メーカーよりもっと激しいポートフォリオ感覚（利益貢献商品と目玉商品）があり、そのうえ

メーカーよりも取扱商品数は圧倒的に多い。そうなると経営は利益、現場は売上という"すみわけ"では予算管理が至難の業（どうすれば利益目標を達成するのかがわからなくなってしまう）となる。

そこで現場の目標を売上とせず、粗利、つまり「目標利益＋目標経費」とし、これを売上に変換せずに店舗へ配賦し、現場もこの単位に粗利計画を作る。予算の目標設定、管理とも難しい仕事であるが、現代はこれをEOS[*2]、POSシステム[*3]といったITがサポートしている。これによってバックヤード（店舗の後方で店長、バイヤーがいる所）でリアルタイムに粗利が把握できる。

もし現場の目標を売上そのままで進めたければ、利幅がちがう商品ごとの"売れ行き管理"を本部で行い、粗利・売上の両方を達成するように本部側で店舗の商品価格を設定し、利益を調整していくしかない。現場は本部の価格指示の下で"売る努力"をすることが求められる。そうでないと店舗はどうしても価格を下げて、売上を出そうとする。粗利という利益責任と価格決定権はセットである。利益責任なきところでは価格を決められない。

ケースで考えてみよう。当社が利益志向であり、店舗が予算最終責任単位ということを考えると、店舗の予算目標は粗利とすることがマネジメントの原理・原則から考えて妥当だろう。そのうえでこの粗利を店舗がリアルタイムにマネジメントしていくような仕組みを考えていくべきであろう。したがって選択肢はCかDとなる。仮にA、Bのように店舗の目標を売上とするなら、利益責任は営業本部が持つので、価格決定権はBのように本部が持つ以外にない。

店舗の目標を粗利とすると、粗利追求による在庫過多が恐い。そのため店舗側のプライスダウンによるタイムリーな在庫処分、ライバル店との価格争い、さらには店舗による価格差も必要悪と考えられるので、ここでは店舗側が価格決定権を持つC案とすべきであろう。

[*1].Strategic Business Unit：戦略的事業単位。　[*2].Electronic Ordering System ネットワークによる受発注システム。　[*3]. 店舗の販売情報システム。

ケース 16

> ちょっとひとやすみ

これから会社のコミュニケーションはどうなっていくのだろう

　マネジャーは多くの場合、10年以上会社に勤め、社会人になりきっている。そして毎年部下として、社内で一番年齢の若い新入社員が入ってくる。

　私が30年前に会社に入った時、「おまえは宇宙人みたいだ」と上司から言われた。「何で男のくせにパーマなんてかけるんだ」とも言われた。何て理不尽なことを言う人だろうと思った。今時の若者たちは男性でも耳にピアスを入れているらしい。私が会社勤めを続けていて、マネジャーだったら、新入社員のピアスを見て、きっと「男のくせに何だ。親からもらった耳に穴を空けるのはやめなさい」なんて言っただろう。

　私は昨年、"学生向けの就職本"を書いた。私には娘が2人いて、当時は上が大学4年生、下が高校3年生だった。本を書く時に、上の娘に「就職活動する前にどんな本を読みたいか」という意見を友人に聞いてくれと頼んだ。そしてその意見が娘の友人からメールで届いた。私はそのメールを読んで感動した。「何てわかりやすいんだ。今時の若い人は思っていることを、こんなにもうまく"書ける"のか」。彼らはメールで、ブログで育ってきたのである。

　私は仕事柄、ビジネスマン（10年生以上の人が多い）が書いたレポートを読む。このレポートは何を書いているのかがわからないことが多い。レポートでわからない点をその人に聞くと、口ではうまく説明ができる。会社人として「口で説明する」習慣がついているのだろう。

　そこにそのマネジャーより"書く能力が高い若い人"たちが入ってくる。いったいどんな社内コミュニケーションになるのだろうか。外から見ていると"楽しみ"である。本当にマネジャーは彼らをマネジメントできるのだろうか。

　下の娘は携帯電話を片時も離さない。「食事中は携帯をやめなさい」と私が言ったら、「お父さんも食事中はテレビを見るのをやめたら」と切り返してきた。確かにわれわれの世代はテレビを見て育った。だからテレビのない生活なんて考えられない。これから下の娘のような本格的な携帯世代が会社へ入っていく。テレビ世代との間でどんなコミュニケーションが生まれるのだろうか？

シーン 4

部下をマネジメントする

ケース17　リーダーシップって何？

新任マネジャー研修ではリーダーシップについていろいろな意見が出された。「リーダーシップとは何か」を定義しようとするのだが…。

　ジャパンフーズでは階層別教育[*1]の一貫として、新任マネジャー研修を毎年実施していた。1泊2日で労務[*2]管理およびコンプライアンス[*3]に関するセミナー、経営者講話、新任マネジャー同士のディスカッションなどを行う。今回は2日目に社長が「わが社のリーダーに望むもの『リーダーよ、会社を変革せよ』」というタイトルで講話をする予定なので、1日目の夕食後「リーダーシップについて」というテーマで受講者がフリーディスカッションを行うこととした。そこで上がったのは次のような意見である。
「リーダーシップといったら、当然リードしていく力のことだろう。一言でいえば統率力だ。迫力があってまわりを巻き込み、有無をいわせず、部下をぐいぐい引っぱる力だろう。これがよくいう『強力なリーダーシップを発揮してメンバーの力を引き出す』ということだろう」
「昔、特に団塊の世代[*4]には結構そういうマネジャーがいたけど、今はあまりいないよね。部下に気ばっかり使って、少し"ひ弱"になった感じがする」
「そうかなあ。メンバーに気を使っている人って"良いマネジャー"だと思うけど。リーダーシップで大切なのは、力ではなくてリードする方向でしょう。リードする方向を自分のグループのメンバーにきちんと説明して、メンバーがなぜそっちへ行くのかを理解して、『ああそっちへ行けばそんな幸せがあるのか。じゃあ当然そっちへ行くべきだな』と思わせる力のことでしょう。グイグイ引っぱるというのは、メンバーが納得しなくても引っぱることをいうんでしょう。そんなこと、今時の若い人にはできないでしょう」
「いちいち部下の言うことなんて聞けるわけないよ。社員個々の幸せは会社全

体の幸せにはならないだろう。だいたいそんなことやってたら、この変革の時代にタイムロスが大きすぎるよ」

「ここまでの意見って、少し部下のことばかりに偏っていると思います。『リーダーは組織の連結ピンになれ』っていうでしょう。リーダーシップとは経営者などの『自分の上司』と『自分の部下』をうまくつないでいくテクニックのことでしょう。テクニックだからやればやるほどうまくなっていくんでしょう。リーダーシップとはある方向に組織をリードして、上司と部下の反応を見て、それがスムーズに動くように行動していくということでしょう」

「いや私はちがうと思う。前に"状況対応型リーダーシップセミナー"というものを受けたけど、その時習ったことが当てはまると思うな。今どういう状況なのかを適確に判断して、それに応じたリーダースタイルをとっていくことじゃないの。リーダーシップって状況を適確に把握して、それを周囲に言葉、態度で伝えていく力だと思うよ。よくいうでしょう『リーダーは時には父親のようにしかり、時には母親のようにやさしくほめ、時には兄や姉のように経験を語り、時には友達のように気持ちをわかってあげて…』ってやつだよ」

「それじゃあ、リーダーシップは、何でもありってことになっちゃうよ」

課題 あなたがジャパンフーズのマネジャーならどの意見に賛成しますか？

A：リーダーシップとは部下を統率していく力

B：リーダーシップとは部下にリードする方向を提示し、納得してもらう力

C：リーダーシップとは組織の連結ピンとなって、上司と部下をつないでいくテクニック

D：リーダーシップとは状況に応じて部下に接することができる力

＊1. 同じポジションや同じ世代の従業員を集めて教育すること。　＊2. 従業員がスムーズに働くことができるように考える仕事のこと。　＊3. 法を守ること。　＊4. 1947～49年の戦後ベビーブームに生まれた人たち。

ケース17の得点
A：3点　B：10点　C：5点　D：3点

解説

　そもそもリーダーシップという考え方は"工場"で生まれた。「工場の生産性を上げるにはどうしたらよいか」というテーマがその出発点となっている。20世紀初めアメリカでは、テイラーが書いた『科学的管理法』という書籍を教科書として、工場の「生産性が上がる作業方法」や「上がった結果（時間）」を分析することがブームとなった。これらがさまざまな工場で、さまざまな人によって、さまざまな実験、研究がなされ、その結果が体系化されていった。これが52ページのケースにあったIEであり、戦後日本でも一大ブームとなった。

　アメリカではこのIEが生まれた後、生産性に影響を与える要因として、作業方法とともに"職場の人間関係"が注目された。これについてもやはりさまざまな人によって研究され、人間関係論（Human Relations：HRと略される）として体系化された。この人間関係論の中核を担ったのがリーダーシップ、つまり「組織のリーダーはどう行動すべきか」というものだった。

　リーダーシップはこの後、さまざまな紆余曲折を経て、現代ではほぼ理論的には整理されている。現代企業においては「リーダーシップをどう生かすか、どう高めるか」というテクニック論や人材育成テーマではなく、「自社においてどういうタイプのリーダーシップをとるべきかを経営者が方向づけする」という戦略論となっている。

　これはケースの「Dの意見」にある「状況対応型リーダーシップ」というものではない。ここでいうような「各リーダーがさまざまな状況に応じて随時リーダースタイルを変えていく」というものではなく、企業の置かれている環境、というよりも企業の"時代"によってリーダーシップの定義を経営者が戦略的に変えていくというものである。

企業が誕生してすぐの時代（創業期）には、仕事のやり方（この全体をその企業のビジネスモデルという）が固まっておらず、そのため試行錯誤が繰り返される。次第にビジネスモデルが固まり、それによって多くの企業は急成長する時代（成長期）を迎える。この創業期、成長期におけるリーダーシップは、Ａの意見のように統率力がポイントである。経営者が決めたことをいちいち説明している時間などなく、だからといって皆が勝手気ままに仕事を行うと生産性が悪くなる。こうした中で日々変わっていく「やり方」で仕事を適確に実行していくこと、させていくことがリーダーに求められる。ここにはまさに強い統率力が求められる。この統率力のイメージが極めて強烈であり、この時代が終わっても多くの人の頭の中で"リーダーシップ残像"として消えない。

　企業はいつか成長が止まり、安定期へと向かう。この安定期に入ると、ここまで企業は大きく成長してきたため、その成長を支えた"統率力の強い経営者"などの上位層と、企業が安定してから入ってきた下位層の"若きメンバー"との間に、いろいろな意味でギャップが生まれてくる。そのギャップを埋めることが、中間層のマネジャーにリーダーシップとして求められる。経営者の意思決定をしっかり伝え、現場の思いを経営者に伝えていくというタイプのリーダーシップである。これがＣの意見である。

　しかしケースにあるジャパンフーズのように経営者が「安定からの脱却」を目指すと、企業はいわゆる変革期を迎える。「何としても会社を変える」という意思を持つ時代である。この変革期では組織メンバーの「変えることに対する期待感」がその決め手となる。「今は苦しくても将来きっと幸せになる」という変革への思いである。これを支えていくのがこの時期のリーダー、マネジャーの第一の仕事であり、この"思い"を醸成していくことが、変革期においてはリーダーシップと表現される。リーダーシップにはさまざまな意見があるが、ジャパンフーズのような変革期にある企業においてはＢの考えが妥当、というよりもこれに合意することが求められると思う。

ケース18　最近の若いやつはやる気がない

マネジャーから見ると、部下がどうしてもやる気なさそうに見えてしまう。でもやる気って何？どうすりゃ高まるの？…議論はつきない。

　ジャパンフーズ新任マネジャー研修でのディスカッションはまだ続いていた。
「最近の"若いやつ"って、"やる気"があるのが少ないんじゃない。なんか"クールなやつ"と"やる気"なさそうなやつばっかりじゃない？」
「何か雰囲気も堅いよね」
「それってマネジャーが悪いんでしょ。前に社外でマネジメントセミナーを受けた時、講師の先生が『人の心の中にはそもそも"やる気"があり、何らかの阻害要因で"やる気"が隠れてしまう。リーダー、マネジャーの仕事はこの阻害要因を発見し、取り払って、"やる気"を顕在化させることだ。これが動機づけ、モチベーションといわれるものだ』って言っていた。"やる気"のなさそうな人をカウンセリングして、その理由を聞き出していく努力がマネジャーには必要なんじゃない。皆でカウンセリングセミナーでも受けようよ」
「このうえカウンセリングまでやんなくちゃならないのか」
「でも"やる気"がないってのはいけないことなのかなあ。従業員は労働契約で『やる気を出す』なんて約束しているわけじゃないでしょう。やり方、ルールをしっかり作って、そのルールに則って仕事をやれば、"やる気"なんて考えてなくてもうまくいく仕組みにすればいいんじゃない」
「それじゃ昔の使用人と労働者の関係に逆戻りだろう。『決められたルールでやらされる』って感じだろう」
「そもそも"やる気"なんて測れるのか。測れないものを高める方法なんて思いつかないし、そんなこと考えてもムダだろう」
「何かの本で読んだんだけど、チームの中に生まれるムードという指標を考え

るというのはどうだ。これは業績に着目するんだ。同じ能力を持ったメンバーが、同じ環境でも、ムードがちがえば業績はちがうということだ。だから個人のメンバーの"やる気"という感情ではなくて、チームの業績を見ながら、それを高めるためにチームのムードを上げる方法を考えるというものだ。チーム内の各メンバーの担当業務や、ミーティングの仕方、教育、評価など、あらゆるものを対象としてムードを高める、つまり業績を高めるためにリーダーが考えるってことだ。簡単にいえば業績を上げることを考えれば、自然にムードが高まり、そのムードの高まりを業績という数字で実感していくというやつだ。われわれの上司である部長や経営者とも、『こうすれば業績は高くなります』というのと『こうすればムードが高くなります』というのがイコールになってベクトルが合うんじゃないか」

「結局"やる気"を高めていくことが、ムードを高めていくんじゃないか。個々人の"やる気"の和がムードだろう。着目すべきはやっぱり"やる気"だろう」

「どう考えても"やる気"ってあるし、それが仕事に与える影響はすごく大きいと思います。しかも『やる気のなさ』ってまわりに伝染するでしょう。マネジャーの仕事は『やる気のない人』を早く見つけて、カウンセリングするんじゃなくて、そのチームから排除して『やる気のある人』に伝染しないように予防することなんだと思います。『やる気のない人』だってチームや仕事が変われば『やる気のある人』に変わることもあると思います。だから早めにローテーションを入れていくことでしょう」

> **課題** あなたがジャパンフーズのマネジャーならどの意見に賛成しますか?
>
> **A**：やる気を高めるのはマネジャーの仕事
> **B**：やる気がなくても、仕事が進む仕組みを考えるのがマネジャーの仕事
> **C**：チームの業績を高める要因であるムードを考えるのがマネジャーの仕事
> **D**：やる気のない人を発見し、人事異動させていくのがマネジャーの仕事

ケース18の得点
A：1点　B：4点　C：10点　D：5点

解説

"やる気"という不思議な感情も96ページで述べた人間関係論の主要テーマであった。どうすれば「人間はやる気が出るのか」ということを、さまざまな人がさまざまなアプローチで考えてきた。有名なものにハーズバーグという心理学者が50年前に提唱した「動機づけ・衛生理論」がある。この理論のベースは、ケースで述べているようにメンバーの心の中にあって何らかの理由で潜んでしまった"やる気"を、何らかの形で"動機づけ"（モチベーション。阻害要因を取り払うこと）して、それを顕在化させていくというものである。そして給与、職場の人間関係といったものは、これが低かったり悪かったりすると"やる気"は下がるが、これらが満たされたからといって"やる気"が上がるものではない。つまり衛生みたいなものだ。レストランが不衛生だと行かないが、衛生的な店だからといって行くわけではない。一方「達成やその承認」（よし目標を達成した。君もよくやった。よくがんばった）などは、それによって"やる気"を生む。つまり動機づけ要因になるという考え方である。

この当時に結論となったこの"考え方"は、近年になって疑問視、あるいは否定されつつある。これはマネジメントを受ける対象である「入社して間もないメンバー」（よく若手と表現される）がぶつける素朴な疑問「"やる気"って何？仕事にどうしてそれが求められるの？そもそも何で"やる気"があるかどうかわかるの？人の気持ちなんて読めるの？」に対する答えが用意されていないからである。「仕事はやる気を持ってやるべき」という"べき論"や「どうせ仕事をやるんなら、やる気を持ってやった方が気持ちいいだろう」という"感情論"では、その答えになっておらず、そのためこれら若手をマネジメントできない。確かにはっきりと定義されていない「不思議な感情」を持てと言われ

ても困る。「やる気を出せ」と言われた人の立場で考えてみてほしい。

　ケースのAの意見は「やる気を高める」という行為（マネジャーの仕事？）に対して、メンバーの合意を得ていなければ（「やる気を高めたい」と思っていなければ）それをやること自体に意味があるかがはなはだ疑問である。

　一方極論すればBの意見のように、「やる気など必要としなくても仕事ができる仕組みを作ればよい」ともいえる。しかし人間が作るチームである。同じ能力の人が集まって、同じ環境（ライバル、顧客など）、同じやり方で仕事をやっても、そのパフォーマンス（成果）は異なるということは、チームで仕事をしたことがあれば誰でも納得できることである。つまりメンバー各自の能力、仕事の環境、やり方以外にチームの業績に影響を与える要因があることは否定できない。これらの要因がムードと定義される。

　チームのリーダーたるマネジャーにとって大切なのは、"やる気"という個々人の気持ちをうまくコントロールしていくことよりも、どうすれば業績が上がっていくかを考えることだ。業績を上げるには、チームをどういう状態にすればよいかを考える。やる気が個人の感情なら、ムードはチームが置かれている状態である。そしてチームの業績が上がると（つまりムードが上がると）、チームの個々人にどういう"幸せ"があるのかということを説明をしていくのが96ページで述べたリーダーシップである。

　チームのムードが高まらない（業績が上がらない）理由が「人と仕事のアンマッチ」と考えるなら、Dのように人事異動をすることも1つの"手"ではある。しかしもちろんそれがムードを上げる方法のすべてではない。メンバー個人に着目しても、仕事の本当の楽しさを知らなかったり、仕事の意味を誤解していたり、業績が上がっても幸せがないと思い込んでいたり…とムードを下げている要因はいろいろ考えられる。これを"長い目"で見て考え、目標管理などのツールを使って、「ムードを高めていくことがマネジャーの仕事だ」というCの意見が現代企業においては主流といえる。

ケース19　秩序が乱れている？

会社の秩序がどうも乱れている。昔の年功序列の方が秩序があってよかったと思う。どうしてやめてしまったんだろう。

　ジャパンフーズのマネジャーディスカッションはさらに続き、議論は白熱し、皆の心の中の"本音"のようなものが出てきた。
「うちの会社、何だか秩序が乱れてきていると思う。部下が上司を上司と思っていない。だから挨拶もまともにできない。俺たちが入った頃のジャパンフーズでは考えられないことだ。昔のように年功序列の人事をとっていた頃は、『部下は上司に従い、上司は部下を思い』とうまくいっていた。『年功序列を排除した人事をやる』と、経営が言い出してからのここ10年には何の幸せもない。それで業績が上がったわけでもないし、若手を抜擢してムードが上がるならまだしも、ベテランに不満が出て、抜擢されなかった若手に不公平感が生まれ、それによって抜擢された若手にストレスがたまり…。ただ単に秩序が崩れ、チームワークをこわしただけだ。ベテラン社員からすれば、30年間会社に身も心も尽くしてきたのに、高々15年しか働いていない若手が上司になったら、やってられないと思うよ。昔の年功序列の時代に戻した方がいいと思う。それによるデメリットなんて何もないと思う」
「今さら年功序列になんて戻せるわけないでしょう。年寄りの方が若者より多くなっちゃったんだから。そうなると、やはりメンバーとマネジャーは上下関係ではなく、"対等の関係"とせざるを得ないと思う。私だって、今のチームに年上のメンバーもいるし…」
「私も賛成です。私たちのような会社における秩序は、上司と部下は対等だが、その意見は上司の方が優先されるということではないですか。マネジャーはメンバーの意見をもちろん聞くけど、マネジャーの意見が最終的にはメンバーよ

りも優先されるという形でしょう。マネジャーはメンバーが10人いて、1対10ででも意見を通せる。そうやって整理すべきでしょう。挨拶なんてのは、マナーか親の教育で、秩序以前の問題でしょう」

「いや、そんな甘ちょろい秩序だから、会社がおかしくなってるんだ。年功序列が無理でも、一度上司と部下の関係が決まったら、絶対服従するという誓い、つまり絶対的秩序が必要だよ。そうじゃなきゃ責任の重いマネジャーなんてやってられないよ。部下は上司に逆らえないのは当然で、意見の優先なんて生ぬるい。上司には絶対的な支配権を持たせるべきだ。例えば仕事の命令はむろんのこと、職場の机の向きを上司だけ変えて、外から見てもはっきりと上下関係がわかるようにし、出張の時もマネジャー以上はグリーン車・ビジネスクラスという形で平社員とは差別化すべきだよ。昔われわれが新入社員教育で教わったように、上司とのエレベーターや車の乗り方、宴会の座席、敬語の使い方、といったことを徹底的に教育していくべきだろう」

「それは無理でしょう。だってこれからはマネジャーからメンバーへの降格も考えないとやっていけないでしょう。マネジャーは単なるマネジメントのプロフェッショナルと考えるべきでしょう。もちろんメンバーとは全く対等で、芸能人とマネジャーみたいな関係でしょう」

「そんなんじゃ秩序は保てないよ。それならマネジャーと経営者の関係も同じで、対等か？」

課題 あなたがジャパンフーズのマネジャーならどの意見に賛成しますか？

A：年功序列をとれば秩序は保たれるのだから、これに戻すべき
B：年功序列がとれないのだから、意見の優先度を秩序とすべき
C：年功序列がとれなくても、秩序は絶対的な支配関係をベースにすべき
D：もはや秩序は不要と考えるしかない。各人が各ポジションにつくと考えるべき

ケース19の得点
A：5点　B：10点　C：3点　D：3点

解説

　企業における秩序とは「企業内のメンバーの規則立った関係」と定義される。企業が人間の集合体であり、1つの目的を持って共同して仕事を進めていく限りは、秩序という「規則立った関係」を必要とする。これが大前提である。そのうえでケースのA、B、C、Dの意見を見てみよう。

　まずDは組織の各メンバー（経営者、マネジャー、プレイヤー）が自らの各ポジションを任うするという意味で正論ではある。しかしそれによって秩序が不要となるわけでない。この状態は「各ポジションがそれぞれの責任を負う」という秩序であり、これを"負う"ことで企業として"共に働く"ことが可能となるという仮説である。しかし各ポジションのベクトルが合わない時（つまり意見が合わない時、どうやって交通整理するかがわからない時）を考えると、どうしてもポジションごとの意見の優先度を決めておく必要がある。そうしないと各ポジションの合意を得るために、会議、会議の連続となってしまうだけでなく、何も決められないというリスクを抱えてしまう。

　Aの「年功序列が最高の秩序」も正論といえる。企業内にはその秩序によって上下関係が生まれることになる。この"上下"という関係は、はっきりとした"ものさし"を要求する。これが年功、すなわち勤続年数なら、"はっきりとした目に見える数字"で表される"ものさし"であり、誰からも疑問（「どうしてこの人が私より上なんだ」）が起きない。そして「会社に何年貢献したか」という意味で、秩序の「規則立った」という定義と見事に合致する。

　しかしジャパンフーズのように成熟した大企業、つまり成長の止まった大企業ではこれをとることはできない。この年功序列という秩序は会社が大きくなっていくことが前提である。つまり下の人間が年功（何年働いたかという功績）

によって"上の地位"に上がる時（出世）、この人たちの層よりも下（勤続年数が少ない）の人間が多く企業内に存在していることが必要である。すなわち企業ピラミッドの底辺が時とともにどんどん拡大していくことが必要である。仮に成長が止まり、成長期に比べ採用をぐっと絞っていく中で、年功序列をとってどんどんマネジャーを作っていけば、次第にマネジャーだらけとなり、いつかメンバー数をマネジャー数が追い抜いてしまう。このことに気づかせてくれたのが、ジャパンフーズのような大企業に大量入社した団塊の世代である。彼らがマネジャーへ昇格する頃に、多くの企業でこの矛盾が露呈した。

そこでジャパンフーズのような大企業は年功序列の色を徐々に落としながら、新しい秩序を模索していくことになる。そして多くの企業が試行錯誤の末たどりついたのが、Bのように秩序を"身分"のような上下関係ではなく、"意見の優先関係"と考えるというものである。本来であれば意見といった中途半端なものではなく、Cのように身分的な上下関係を取り入れれば、組織内は秩序立ち、統制のとれたものとなる。しかしケースのディスカッションの意見にもあるように、この場合いわゆる"降格人事"をすることが極めて難しくなる。マネジャーに一度なって、絶対的な支配権を持たせ、その後これを降格させると"人格の否定"のようになってしまう。昨日までの"えらい人"が"普通の人"になって、本当に企業内でやっていけるだろうか。

だからといってマネジャーを交代させないと、今度はマネジャーがポスト不足となり、メンバーからの昇格が難しくなり、人事が停滞してしまい、下位層に不公平感、不満が生まれてくる。

ジャパンフーズのような大企業においては秩序を意見の優先度くらいにして、それによって組織の秩序を保つというのがギリギリのラインのようである。

仮に自分が勤めている企業がそのような秩序になっていなくても、マネジャーとして考えると、いずれその方向へ自社が向かっていくと考えておく必要があると思う。

ケース20　女性のマネジャーを作るべきか

誰をチームマネジャーに推薦すべきか悩んでいる。
能力が高い木村花子か、プロマネがうまそうな西野太郎か…。

　東総電は部長←グループマネジャー←チームマネジャー←一般職というキャリアステップになっている。システム開発部門で一般職（SE）からチームマネジャーに昇格するとプロジェクトマネジャー（プロジェクトといっても数人のものから100人を抱えるものまであるが）になる資格を持つ。もちろんプロマネにならないチームマネジャーもいるし、プロマネをグループマネジャーが担うこともある。またチームマネジャーになっていなくても、ビッグプロジェクトのサブマネジャー的な仕事をしている一般職の中堅SEもいる。
　東総電ではチームマネジャーへの昇格は全部門共通のルールがある。まずは上司のグループマネジャーが候補者を推薦し、その上の部長がこれを承認する。推薦された人を人事部で過去の業績および昇格のためのレポート、面談を通して評価して、最終的にチームマネジャーを決定するというものだ。
　今村は入社20年目のシステム開発部門のグループマネジャーである。今村のグループからは3名のチームマネジャー候補を推薦するように部長から言われている。そのうちの2人はすぐに決まった。本来なら去年推薦したいと思っていたが、推薦枠の関係でできなかったSE2人である。問題はあと1人だった。人事部の作成したチームマネジャーへの昇格推薦条件に照らし合わせると、どう考えても木村花子だった。「木村ならSEとしての業務遂行能力は高いし、サブマネとしてやってきたから、プロマネとしての工程管理、品質管理の能力は文句なしだ。ただ気になるのはまわりのメンバーとのインターフェースだな。何というか、まじめすぎるというか。うまく言葉では表せないが…」
　もう1人候補がいた。木村と同期の西野太郎だった。

「西野は人事部の昇格推薦条件では木村に見劣りするが、後輩の面倒見がいい。それに木村の問題点はやっぱり女性ということだ。結婚して３年経つから、そろそろ子供ができてもおかしくない。そうすれば当然育児休暇か、下手すりゃ退職だな。考えてみればうちの部門で優秀な女性といったら木村が筆頭だなあ。木村の上の先輩たちは結婚して仕事を続けていても、同期の男性がチームマネジャーに昇格した頃にバタバタとやめていったなあ。西野を上げて、木村にすぐに辞められたら、うちのグループとしてはきついよなあ。そういえば人事担当役員がマネジャー研修で『わが社の組織の３分の１は女性である。そして彼女たちは皆優秀な人たちだが、その活用は極めて遅れている。これはマネジャーの責任だ』なんて言ってたよなあ。確かに女性ＳＥは多い。システム開発部門として未だに女性のチームマネジャーが１人もいないのはまずいかもなあ。会社全体で見ても女性管理職なんて人事などのスタッフにいるくらいかな。木村なら女性初のＳＥのチームマネジャーになってもおかしくないし、まわりの女性ＳＥに与える影響も大きくて、皆やる気出すかもしれないなあ。でもチームマネジャーに上げて彼女に退職されたら、俺としては戦力として痛手だけでなく、注目されるだけに、まわりから何か言われそうでいやだなあ。それに人間的に見るとプロマネとしては、西野の方が向いているように思う。難しいプロジェクトでも人をまとめていく力は彼の方があると思う」

課題 あなたが今村さんならどちらをチームマネジャーに推薦しますか？

- **Ａ**：プロマネの仕事への適性を考えて西野太郎とする
- **Ｂ**：人事の昇格推薦条件から木村花子とする
- **Ｃ**：木村花子と面談し、「チームマネジャーになりたいか」「やめないか」などを確認して決める
- **Ｄ**：女性活用の第一歩として木村花子を推薦し、「女性ＳＥの先頭に立ってがんばってほしい」と本人を励ます

ケース20の得点
A：1点　B：10点　C：0点　D：1点

解説
　女性差別は男女雇用機会均等法下においても、大企業、中小企業を問わず、未だに何らかの形で残っていることが多い。特に直属の男性上司が部下の昇格を決めていたり、昇格の推薦権を持つなど、部下への絶対的権限を握っている企業ではこれが顕著といえる。この場合昇格する確率がどう考えても男性の方が高いように"見える"企業が多い。こうなるともちろん女性側には不公平感、"あきらめ"などが生まれ、特に不公平感を持った優秀な女性が、企業で仕事をやり、ある程度手に職をつけると、つまり一人前のプロになると男女差別の少ない企業へ転職することも多い。

　かたや男性を優先的に昇格させる（正確にいうと「昇格させるように見える」）理由の多くは、「女性はすぐにやめてしまう。休みが多い。まわりと協調がとれない」といったものである。こうして「やめる」から「上げない」、「上げない」から「やめる」がスパイラルしていく。

　一方バブル崩壊後、しばらくは就職氷河期が続き、特に女性の就職難をもたらした。この時代に狭き門を突破した女性がそろそろマネジャー昇格適齢期を迎えている大企業も多い。しかも彼女たちは男女均等採用で入社し、男性と同じような仕事を続けている。そしてこの女性の昇格適齢者が同年代の男性と比べ、能力的に極めて優秀な人が多いことも事実であろう。

　この状況からこの手の企業の経営者は、管理職に対して「もっと女性をうまく活用しろ」と言っている。しかし「活用」という言葉は言いすぎだと思う。いったい誰が誰を活用するのか。「活用」と言われた相手のことを考えてほしい。東総電のような超一流企業であれば、「性差別のない職場を作る」くらいを経営者が宣言することが妥当な線だろう。

今回のケースの今村グループマネジャーの立場で考えてみよう。客観的に見て今村は"性"を意識しすぎているし、自らがチームマネジャーの昇格者を決めることができると誤解している。このケースのグループマネジャーの立場では、チームマネジャーを"推薦"できるだけである。そしてこのチームマネジャー推薦というのはマネジャーとして大切な"仕事"である。仕事であれば決められたルールでやるべきであり、この場合は人事が決めたチームマネジャーへの昇格推薦条件に則り、2人を冷静に、そして公平に評価すべきである。

　システム開発部門のチームマネジャーが担う予定の「プロマネの要件」と、人事部の決めた「全社のチームマネジャーの昇格推薦条件」が不整合だと思うなら、勝手に自分で評価基準を作って、それを使って評価する（「西野はプロマネに向いているのでチームマネジャーに推薦しよう」）のはルール違反であり、マネジャーとしては禁じ手である。そう思うなら自分の考えを上司の部長を通して、人事部へ訴え、ルールを変えるような行動をとるべきである。そういった意味でA案はマネジャーとしては大きな問題がある。

　性を考慮せず（昇格推薦条件に男性または女性優先となっているなら話は別だが。まあそんなことはジャパンフーズのような企業でコンプライアンスから考えてありえないが）、マネジャーとして冷静にルール通り評価し、その結果が木村となったのなら、木村を推薦すべきである。つまりB案が妥当である。

　C案もAと同じく、推薦条件、推薦ルール（「推薦者には面談してその意向を聞く」）に、そのようなものがないなら考慮すべきでないし、マネジャーとしてとってはならない行動である（もしそういうルールなら当然西野に対しても同じように面談する）。

　D案は逆差別をしている。"女性"ということを理由に木村を推薦すれば、やはりルール逸脱である。しかも「女性SEの先頭に立ってほしい」がかえって木村のプレッシャーとなり、退職する可能性が大きくなると思う。こう思うのであればAと同様に上司を通して人事部へ相談すべきである。

ケース21　人が人を評価する難しさ

新会社が設立され、人事制度も一新された。その制度で初めての人事評価をしたら、部下からクレームが出た。「なぜこんな評価になるのか？」

　東総電はソリューションビジネスへ本格的な取組みをすることを決めた。そこでソリューションサービスの販売窓口として東総電ソリューションズを100％子会社として設立した。ここには東総電で法人顧客を直接担当しているセールスマン、その販売促進を行っているSEなどソリューション事業の前面に立つ人たちが集結した。

　設立された東総電ソリューションズでは、従来のメーカーエンジニアを中心に考えられた親会社東総電の人事制度を踏襲せず、新人事システムを構築した。その中核は新しい人事評価制度である。セールスマン、販促SEという第一線のメンバーの人事評価は業績評価とプロセス評価の２本立てとなる（職種、経験年数によってその２つのウエイトはちがう）。

　業績評価は所属チームの業績（受注額、売上、利益）、個人業績（基本的には受注額）の２つからなり、共に予算達成率がそのベースとなる。

　一方プロセス評価はチーム貢献度評価、行動評価、能力評価の３項目からなり、これらを目標管理を一部使いながら、主に直属の上司が評価する。そのうえでこのプロセス評価の合計評価点が本人に伝えられる。

　高野は東総電へ入社後、通信機のエンジニアとして５年、システム開発部門のSEとして15年働き、一昨年東総電のソリューションセールス部門のマネジャーとなった。その後東総電ソリューションズ設立とともに、当社の金融ソリューション部第３グループのグループマネジャーとなった。人事評価は期（半年）に１回であり、東総電ソリューションズとしての初めての評価作業を終えて、高野はほっとしていた。

「何か、前の東総電の時より評価が大変になったなあ。プロセス評価の項目は細かいし、しかもメンバーの人数は多いし…」

高野はこのプロセス評価点をグループのメンバーへフィードバックした。しばらくして、東総電入社以来４年間セールスをやってきた部下の内田からクレームが出た。「どうしてこんな評価点なんですか」

同期入社で東総電ソリューションズの別グループのセールスマンのプロセス評価点と比べて、自分の方が低いことにショックを受けたようだ。

高野は思った。「皆が納得できる評価なんてできるわけがない。どうしてこんな"点"なんですかと言われたって、どう説明したらいいんだ。チーム貢献度、行動、能力という目に見えなかったり、もう消えてしまったものを評価しているんだ。評価なんて評価者の主観だろう。しかし部下にここまで言われて『それは内緒だ』と言うのも…」

高野は人事部へアドバイスをもらいに行ったが、逆に「うちの人事評価制度はまだ試行錯誤の段階なんだ。マネジャーの立場からどうしたらよいと思うかを聞かせてくれ」と返されてしまった。

課題　あなたが高野さんならどう答えますか？

A：「私としては評価に関する問い合わせには、マネジャーとして一切応対しないというルールにしてほしいと思います」

B：「私としてはなぜそのような評価になったかを、メンバーに説明するしかないと思います。しかしそれは個々の判断ではなく、会社としてのルールにして、すべてのマネジャーがきちんと説明するようにしてください」

C：「マネジャーがケース・バイ・ケースで判断する形がよいと思います。つまり説明するもしないもマネジャーの判断だということです」

D：「評価は現在渡しているプロセス評価の合計点も含めてすべて非公開とすべきです。そうしないと組織としての秩序が保てません」

ケース21の得点
A：1点　B：10点　C：1点　D：0点

解説

　人事評価は「人が人を評価する」というものであり、マネジメントの中でも、もっとも難しい仕事の1つといえる。近年多くの成熟した大企業ではこの人事評価にも"変革"のメスを入れている。しかしこの変革の反動で人事評価に対するさまざまなトラブルも起きている。このトラブルのほとんどは特定の人の「低評価結果」に対する本人からのクレームであり、そのクレームが表面化しない時は本人のモチベーションダウン、そして退職へと結びついている。

　しかし人事評価は難しいだけに、逆にいえばマネジャーのマネジメント力で差がつく仕事であり、マネジャーとしての腕の見せどころといえる。

　マネジャーが人事評価をする時大切なことは、これが"仕事"、つまりマネジャーとしての"本業"だということを意識することだ。仕事なんだから、当然のこととしてマネジャー自身もその"人事評価という仕事の出来具合"を自らの上司から評価を受けるべきである。つまり「人事評価をうまくできるマネジャー」は「自らの人事評価も上がる仕組み」（少しややこしいが）とすべきである。自身の勤めている会社がそうなっていなければ、それを自分の上司や人事部などに話し、評価ルールが変わらなくても、せめてその考え方の正当性（「マネジャーは人事評価をアルバイトでなく本業としてやる」）を担保しておくことである。ここまで整理できれば、かなりの問題は解消されていく。

　部下の人事評価という"仕事"には、評価者（マネジャー）、評価方法（評価という仕事のやり方）、評価結果という3つの要素がある。そして評価結果は給与額算定（評価結果によって給与が変わる）、人事異動（評価内容によってポジションを変える）、教育テーマの選定（評価の低い部分を教育する）など、さまざまな用途に使われる。まさに評価を受ける人（部下）にとってはサラリ

ーマン人生を左右する大切なものとなる。

　ケースで考えてみよう。Aの意見は「『どういう評価プロセスで私がこういう結果になったのか』を説明してほしい」という部下からの要望に応えていない。「なぜ説明できないのか」と聞かれ「会社のルールなんだから」と逃げたい気持ちはわかるが、人事評価において「その評価のプロセスを評価対象に説明する」というのは、どう考えても"評価という仕事"の一部であり、マネジャーとして逃げようもない。

　Bの意見が妥当といえよう。人事評価という仕事の原則は"公平"、"公開"の2つである。そして公平とは「評価結果の公平さ」を指すのではなく、「評価方法（評価者も含めて）の公平さ」を担保することである。メンバーにはまず評価方法（直属の上司であるマネジャーがチーム貢献度、行動、能力の3つについて、こういう項目で評価する）を合意してもらうことである。合意しないのなら、メンバーに代替案を聞いてみる。例えば「マネジャーではなく自分で自分を評価する」といったことである。そしてこれを「どちらが公平か」という視点でマネジャーとメンバーが話し合う。メンバーのいう代替案の方が確かに公平だと思ったら、自分（マネジャー）の上司へ話し、上司も合意したら人事部へ話してもらう。普通はメンバーとの間で「今のルールにもいろいろ問題点はあるが、まあ他の案よりは公平」という結論になることが多いと思う。

　公開については評価方法はむろんのこと、個人情報保護法の観点から考えても本人の評価結果は本人へ公開すべきである。しかしこの評価結果についての合意は絶対条件ではない。「評価する」権限はマネジャーにあり、メンバーにはない。これが先ほど合意したルールである。評価とは意見であり、マネジャーの意見がメンバーよりも優先される。

　Cの意見はなぜケース・バイ・ケースの方がよいのかという正当な理由がなく、他マネジャー、メンバーなどまわりへの説得力がない。

　Dについては全く根拠なく問題外である。

> ちょっとひとやすみ

マネジャーの給与はこれからどうなる

　プレイヤーからマネジャーに昇格すると多くの会社では、当然のように給与が上がる。しかしこの理論的バックボーンはどこにあるのだろうか。

　「この会社に長く勤めていた」という年功給ならわかる。今の会社は先輩たちが作ったものであり、今の業績もその人たちの"がんばり"から来ている。だから「長く勤めた方が給与が高い」というものだ。しかし今や勤続20年のプレイヤーより勤続15年のマネジャーの給与が高い方が普通だ。年功序列の時代は年功給的色合いだったのが（マネジャーの給料が高いのではなく、長く勤めている人がマネジャーになる）、いつの間にか職務給、役職給になった。

　企業では経営者、マネジャー、プレイヤーという順に意見を優先させる。こういう指揮・命令系統パラダイムの中で、「給与のルールを変更しよう」というインセンティブは働きにくい。本当は経営者の「結局うちはプレイヤーが稼いでいるんだから、彼らの給与を上げて、われわれとマネジャーの分を下げよう」という"最優先意見"でこれが崩れるはずだが…。

　ただいつまでこんなガバナンスが続くのだろうか。今や先進的な企業では給与ルールをも"変革"の対象とし、完全オープンにして皆の合意のもとでフェアなものに少しずつ変えようとしている。ここで少人数のマネジャーが多人数のプレイヤーに対し「俺たちの方が仕事が大変なんだから、いずれ君たちもマネジャーになるんだから、このままにしようよ」ということで、はたしてフェアといえるのだろうか。どう考えても給与は皆が働いた成果の分配であり、皆で公平に分配しようというトレンドになっていくだろう。そうなるとマネジャーの給与は、「ベースはプレイヤーと同じで、業績給のウエイトを高くし、ハイリスク・ハイリターンのものにする」というのが主流となっていくだろう。

　この時マネジャーはコペルニクス的転回を起こし、その概念がガラっと変わるかもしれない。"マネジャーへ"は昇格ではなくなり、プロ野球のように「現役を引退し、コーチになる」みたいな感じとなるかもしれない。

　私もそれまでは生きて、その会社の"そこから先"を見てみたい。

シーン 5

部下を育成する

ケース22　教育の基本はOJTかOff-JTか

教育の考え方は会社によってまちまちである。OJTがいいような、外部セミナーを受けた方がいいような。そもそも会社って教育する場なのか…。

　ハッピーマートは合併して、旧2社の企業文化に大きなちがいがあることを痛感させられた。特に人材育成については、今までそれぞれが当然だと思ってやってきたことが、"まるっきり"といってよいほどちがうので、互いにカルチャーショックを受けた。旧江戸スーパーは鮮魚卸がそのルーツであった。特殊技能（魚を見る目など）を要求される仕事が原点であり、人材育成に関しては特に専任部署はなく、OJT（仕事をやりながら教育。これ以外をOff-JTという）一本というものであった。

　一方横浜リテールは創業社長が大手食品メーカーに勤務後、仲間たちと立ち上げた会社であった。そのため設立当初から、社長が勤務していた大企業並みに人事部から独立した人材育成部門を持ち、社内教育だけでなく社外のセミナーにも積極的に参加させていた。そういう目で業界内を見てみると、同じ小売業といっても人材育成に対する考え方はまちまちであり、これは百貨店、量販店、コンビニ、スーパーという業態から生まれるものではないようだった。

　ハッピーマートでは人事部（現在はここに人材育成チームがある）が主催して、各店舗、営業本部、本社スタッフからマネジャークラスを集めて、人材育成に関するミーティングを開き、彼らの意見を聞くことにした。

　「私は江戸スーパー出身ですが、わが社がこれから大きく成長していくためには従業員教育が非常に大切だと思います。その教育という大切な仕事を、われわれのような教育に素人のマネジャーが担うべきではないと思います。モチはモチ屋でしょう。若き従業員は年に何回かは仕事の手を止めて、社外のセミナーなどを受けさせてやるべきです。旧江戸スーパーのようなOJT一本では、

これからの企業では人が育っていかないと思います」

「私は横浜リテールで過去に教育を受けてきましたが、何だかんだいって、結局人材育成の基本はOJTでしょう。会社というのは同じ仕事をやる人が集まり、仕事のできる先輩ができない後輩を育てていくのが自然な姿でしょう。それがチームワークを生み、シナジーを生み、会社の力を高めると思います。そして"OJTではできない"、"当社にはない"全く新しいことを学ぶというイレギュラーなケースだけ、セミナーなどOff-JTをやるべきでしょう。合併した当社としては、若手の育成の前に、まず当社としての仕事のやり方を旧2社のマネジャーが共有し、整理し、確立して、それを若手に伝えていくべきでしょう」

「人材育成だってキャッシュフローの視点から考えるべきだと思います。業績が良くキャッシュフロー上で現金に余裕がある時は社外セミナーなどにも参加し、業績が悪く余裕のない時はOJTでわれわれ自身ががんばって教育するというのが、メンバーに説明する立場で考えるとわかりやすい方針です。まずは給与という"食いっぷち"を確保して、それでもカネに余裕があるなら、Off-JTで"さらなる給与"を獲得すべく、カネを払って教育を受ける。セミナー受けて、利益が落ちて、それで給与が減っちゃ、元も子もないでしょう」

「会社は人を育てるところではなく、プロの集団でしょう。プロが実力を発揮する場でしょう。しかも当社のような小売業では仕事がそんなに難しいわけではないんで、教育なんて不要でしょう。人材育成よりも業績でしょう。それを目指すことが従業員の幸せになるはずです」

> **課題** あなたがハッピーマートのマネジャーならどの意見に賛成しますか？
>
> **A**：人材育成はセミナーなどOff-JT中心にすべき
> **B**：人材育成は先輩指導などOJT中心にすべき
> **C**：業績が良い時はOff-JT中心、悪い時はOJT中心
> **D**：会社は教える場ではなく仕事をする場

ケース22

ケース22の得点
A：3点　B：10点　C：1点　D：0点

解説

　人材育成に対する考え方は、企業によって本当にさまざまである。ケースに書かれてるように、その方針は文化といってもよいくらいのものである。

　しかし企業を根底から変革していく時には、当然のこととして人材育成も変革のテーマとなる。この時人材育成に対する考え方は"説明不要の文化"ではなくなり、戦略という経営者の"意思"となる。そのため経営者は従業員に「なぜそうなのか」という理由を説明し、合意を得ることが求められる。特にケースのように合併、経営統合（共同の親会社として持ち株会社を作ること）といった時には、"人の和"が問題となり、かつ両社の従業員能力のちがいが注目される中で、人材育成戦略が大きくクローズアップされてくる。そして「過去はこうやってきたので」という不文律が通用しなくなり、人材育成戦略を立案し、それに皆が合意していくことが必要となる。この合意の中核となるのが、人材育成の主な対象である"プレイヤー"をマネジメントするマネジャーである。

　人材育成の考え方で、その両極にあるものは「会社は仕事をする場であって人を育てる場ではない」「会社とはそもそも人を育てることを目的としている」の2つである。そしてそのトレンドは自然と前者から後者へと向かっていく。創業当初は業績を出すのに精いっぱいで前者の考えだった会社も、会社の業績が安定し、一流企業の仲間入りを果たしたいと思うと、必ずといってよいほど後者の考えへシフトしていく。また前者の代表ともいえる外資系の日本法人も、まわりの純日本的株式会社が後者の考えを持ち、その力の強さを見せつけられると、次第に後者の考えへと向かっていく。

　ケースにあるハッピーマートのように、人材育成に対する考え方がちがう2つの会社が合併や経営統合した場合は自然に後者の考えにまとまっていく。そ

れは合併、統合が落ち着いて、いよいよ人材をマネジメントする現場のマネジャーなどが人材育成について話し合うと、現実の世界ではDのような意見が挙がってくることはほとんどなく、仮に挙がっても多勢に無勢で消えてしまう。

しかし人材戦略上、完全に「会社は人を育てる場」と定義してしまうことは、創業者のオーナーが「そう思え」という場合を除いて、むしろレアなケースである。多くの場合は2つの意見の中間で、かつ「後者寄り」となる。そしてこれを受け、経営者は経営戦略の中の一項目として、というよりも中核として「人材育成の方針」を入れるのが一般的である。

方針の次はOJT、Off-JTという人材育成方法を考える。人材育成が大切と考えた原点が「企業は人の集まりであり、そこに人のシナジー（相乗効果）が生まれる。仕事の"できる人"と"できない人"がいると、必ず両方ができるようになる」という理念にあることが多いので、普通はOJT中心に落ち着く。

ケースのAのように「Off-JTを中心」と主張するなら、それなりの理論的バックボーンが欲しい。例えば「会社を抜本的に変えるので、内ではなく外から学ぶことが多いはず」といったことである。しかし会社の"持っているもの"と"持っていなくてこれから持つべきもの"を比較して、後者の方が多いというのは、現実的にはあまり"ないケース"である。したがってOJTを中心として、プレイヤーの仕事をトップレベルのラインに揃えていき、それでも足りないものはOff-JTで補うというBの主張がノーマルであろう。

OJT中心と考えれば、人材育成は自ずと現場の仕事をマネジメントするマネジャーのミッションとなる。そしてマネジャーが現場ではできないもの、やるべきでないものを人材育成部門がOff-JTで補うこととなる。

Cの考えに賛成した人は少ないと思うが、残念ながら現実の世界では多くの企業がこの方針（というよりも暗黙の了解）をとっている。もし自社がCの状態にあるなら、人材育成を現場で担うマネジャーとしては、この考え方自体を会社全体として「変えていく」ことを主張すべきであろう。

ケース23　セールス力

社長からセールス力を向上させろと言われた。
セールスマネジャーたちからはさまざまな意見が出たが…。

　東総電ソリューションズは設立後1年が過ぎた。業績は会社全体としては"まあまあ"だったが、各部門、各グループは顧客別に組織されているため、その業績には大きなバラツキがあった。この業績を受け、経営者を交えたセールスマネジャー会議が開催された。社長がその口火を切った。
「当社は販売会社である。したがってセールスマンの力がすべてといってもよい。各部門ごとの業績にこれだけのバラツキがあるのは、いくら『顧客がちがうから』といっても大問題だ。やはりセールス力にバラツキがあると考える方が普通ではないか。当然のことであるが、現場のセールスマンの人材育成は人事部ではなく、君たち現場のマネジャーのミッションである。特に業績が悪い部門のマネジャーはそれを心してほしい。そのうえでどうやってセールス力を向上させていくのかを皆で話し合ってほしい」
　この後、セールスマネジャーたちからはさまざまな意見があがった。
「うちのセールスマンは皆、押しが弱すぎるんだと思います。"SEあがり"も結構いますし、そもそも東総電というメーカーに入って来ていることもあって、バリバリの販売会社のセールスマンに比べ、声が小さいのが多い。だからクロージング[*1]がうまくできない。顧客への同行セールスを行って、OJTでクロージングのやり方をセールスマネジャーが教えていくのはむろんのこと、クロージングなどのセールステクニックのセミナーに行かせるべきです。彼らにセミナーで他社ノウハウも吸収してほしいと思います」
「セールスはテクニックではなく結果がすべてでしょう。『注文を取れた』という結果を得て、喜びを感じ、次もきっと『取れる』という期待感、自信を持

っていくんでしょう。『自分は注文が取れない』と思っているから、お客から見ると何だか自信なさげに見えて、信頼を得られず、結果が出ないんでしょう。他の販売会社がやっているように、セールスコンテストなんかをやって1等、2等、3等を決めて、賞金を出して競争心をあおれば自然にセールス力は上がっていくと思います」

「セールス力を支えるものは何といっても経験でしょう。うちはソリューションセールスの経験量が少ないんだと思います。だからといって失敗ばかり繰り返してもだめだし、そもそもセールスマンが個人として経験できる量なんてたかが知れているでしょう。人の経験を自分の経験にすることを考えるべきでしょう。つまりセールスマンが会社全体として経験を共有していくことでしょう。セールスの成功事例を社内で募集して、これを発表してもらい、皆でそれを勉強して擬似体験していくようにしましょう」

「ちょっと待ってくださいよ。セールス力っていうけど、いったいそれは何を指しているんですか。そんな"得体の知れないもの"を高めていく方法なんて思いつかないし、仮に思いつきでやってもそれが高まったことさえわからないでしょう。まずはセールス力とは何かということを定義すべきでしょう。セールスマンの能力構成要素といってもよいと思います。どういうセールスマンが良いセールスマンかということをはっきりさせましょうよ」

> **課題** あなたが東総電ソリューションズのセールスマネジャーならどの意見に賛成しますか？

A：セールスセミナーを受講させる
B：セールスコンテストをやる
C：セールス成功事例発表会を開く
D：セールス力を定義する

＊1．セールス活動において、最終的に注文を取ること。

ケース23の得点
A：2点　B：1点　C：3点　D：10点

解説

　人材育成とは従業員の能力を高める仕事をいう。しかしどうしても不思議な罠にはまってしまう。ある能力を持った従業員が、ある仕事のやり方で、ある対象に対して、ある環境で仕事をやり、その結果が出る。そして「能力を高めること」と「結果を良くすること」を混乱してしまう。仕事の結果だけを見ても、能力はわからない。他の要因をとらなくてはと思っても、これがうまくできない。だからどうしても能力向上というテーマからはずれ、業績向上となってしまう。

　よく考えてみれば能力、やり方、対象、環境など仕事の結果に影響を与える要素の中で、もっとも変化しない、させづらいのが能力である。だからこの能力がその企業の体力となるはずだ。他企業に業績で負けている時、その企業のやり方をマネしたり、環境や対象をうまく操作できても、もしその結果が従業員の能力の差によるものだったら、そう簡単には差を埋めることはできない。近年、企業の長期戦略として人材育成がトップに挙げられる理由でもある。

　人材育成は「従業員の能力を上げる」ことであるが、一言に能力といっても従業員はさまざまなカテゴリーの能力を持っている。大きくは知識、ノウハウ（仕事のやり方を知っている）、資質（創造力、論理性、協調性、コミュニケーション力…）、経験などに分けられる。

　もう気づいたと思う。人材育成の第一歩は「どの能力を高めるか」という課題を解決することにある。そのためには同じ仕事をやる従業員ごとに、つまり職種ごとに（このケースではセールスマン）、どんな知識、ノウハウ、資質、経験が求められるかという能力定義表を作る必要がある。この能力定義表においては、その能力が高まったことがわかるように能力ランキング（セールス1

級、セールス2級…）を作ることが合理的である。そのうえでランキングごとに、どういう順番にどの能力を高めていくかを決める必要がある。ここまでのステップについては、その職種の代表者としてマネジャーが能力定義表の作成に参加して、これに合意しておく必要がある。つまりマネジャー全員の共同作業であり、それを人事部や人材育成部門がまとめていくことになる。

マネジャーはこの合意した能力定義表に基づき、従業員との話し合いで各人の能力を一定期間で（今期）具体的にどうやって高めるかを決め（PLAN）、実際にOJT、Off-JTで実施し（DO）、計画した能力と人材育成実行後の能力との差異を見つけ（CHECK＝人事評価の能力評価）、次の人材育成計画に生かす（ACTION）。これが人材育成マネジメントというマネジャーの仕事である。ここにはツールとして目標管理が用いられることが一般的である。

ケースにあるAの意見は、能力定義表ができてから、人材育成マネジメントのCHECK、ACTION段階で個々人に対してやるべきことである。組織内のすべてのセールスマンを総括してCHECK、ACTIONすべきことではない。

Bの意見は能力ではなく"結果"ばかりに着目している。「どの能力を高めるのか」という仮説なくして、人材育成はありえない。

Cの意見はやること自体は大切なことであろう。しかし2つの問題がある。1つは"経験がすべて"という仮説にこだわりすぎている点である。マネジャー全員が合意できる仮説ではないと思う。もう1つは"成功"ということである。セールスの成功というのは"受注できた"という結果だが、PDCAのCAで何度も述べたように"失敗"（計画どおりにいかなかったこと）も大きな経験である。これを考慮することが必要だと思う。

まずはDの意見のようにセールス力の定義が必要であろう。そのうえで「セールス力アップ」という人材育成をやらないと、それがそもそも何を目指しているのかがわからなくなってしまう。そしてセールス力が上がったとしても、それを測ることさえもできない。つまりマネジメントができない。

ケース24　OJT指導員を誰にするか

新人の教育はOJT指導員が行うことになっている。
OJTの指導員として考えられるのは4人、さあ誰にしようか…。

　東総電の新入社員は1ヵ月間の新入社員集合研修が終わると、現場に配属され、そこでのOJTに入る。新人OJTについてはOJT指導員が1対1でコーチすることを原則としている。またこのOJT指導員は、各グループマネジャーが自グループのメンバーの中から選定することになっている。

　東総電システム開発第1部第3グループには新入社員1名が配属となった。グループマネジャーの金田は誰をOJT指導員にするか悩んでいた。
「今度うちに来る新入社員はなかなか優秀な人間だなあ。新人教育のテスト結果を見ても成績はいいし、現場への配属希望のレポートなんかもしっかり書いている。うちの中堅SEよりよっぽど文章が書ける。それより何より私が配属面接で見た感じでは、仕事への気力もあり、ITについて学生時代によく勉強もしていて、すごく良かったなあ。1年くらいで一人前のSEになってくれるかもしれない。しかし誰をOJT指導員にしようか…」

　候補は4人考えられた。

　1人目は入社12年目の東山である。東山はバリバリの中堅SEで、仕事能力は何といっても4人の中では"ずば抜けて"高い。
「東山なら指導員として文句ないところだが、彼に新人教育の時間を取らせるのもなあ。彼にOJTやらせたら時間原価が高すぎて、もったいない気がする。それに数年前東山にOJT指導員をやらせたら、その時の新人だった西村が泣いてたっけ。『東山さんは指導が厳しすぎる。年がら年中怒られてばっかりいると悲しくなる。何度会社を辞めようと思ったことか』とか言ってたなあ。でも何だかんだいって、西村も一人前のSEになったしなあ」

2人目の候補はその西村である。

「まあ新入社員も1年後、2年後には東山とは言わないが、西村くらいに育ってくれれば文句ないなあ。でも西村は今までどのプロジェクトでも一番年下で、後輩を持った経験がないしなあ。それに今のプロジェクトも忙しいし、やらせて大丈夫かな。後輩の指導なんてできるかなあ。まあやらせてみればできるかも知れないが、何だか新人と友達のようになっちゃうかもしれないなあ」

　3人目は南野である。

「そうだグループメンバーの作業負荷表*1を見てみよう。うーん、これを見ると、この期間OJT指導員としてスケジューリングしやすいのは南野だな。前にプロジェクトの仕事で問題があり、評価落としてプロマネからは干されているけど、後輩を育成するという仕事をやれば、南野も変わるかもしれないなあ。彼にチャレンジさせるのも1つの手かも」

「OJTも人材育成という大切な仕事だし、向き、不向きってあるよなあ。今度のグループミーティングで聞いてみよう」

　ミーティングで金田はグループメンバーに質問した。

「この中でOJT指導員をやりたいって人はいるか」

　この時、皆が現在抱えている仕事を考えて尻ごみする中で、1人さっと手を挙げたのが北条だった。金田は心の中で思った。

「北条か。教えるのが好きで、たしか自己啓発*2でコーチング*3の勉強をずっとしているとか言ってたなあ。うーん、SEの実力は今ひとつだが、教えるのはうまいかもしれないなあ…」

> **課題**　あなたが金田マネジャーなら誰をOJT指導員にしますか？
>
> A：東山　　B：西村　　C：南野　　D：北条

＊1. 各メンバーがどんな仕事をやっているか、やる予定かが書かれている表。　＊2. 従業員が自らの意思、カネで教育を受けること。　＊3. 教育にコーチの考え方を取り入れたもの。

ケース24の得点
A：3点　B：10点　C：0点　D：5点

解説

　OJTにおいてもやはり大切なのは、それが"仕事"で、それで「給料をもらっている」ということである。OJT指導を受ける方（ケースの場合は新入社員）はもちろん仕事（それしか仕事がないので）だと思っているが、指導する方は本業の"片手間"もしくは"ボランティア"（無給）だと思っていることが多い。OJTがうまく機能しない企業のほとんどすべてはこれが原因である。OJT指導員になった人は「後輩を育てよう」という気持ちはあっても、本来の仕事の方が当然のように優先されるので、体がついていかない。

　マネジャーがOJT指導員を選定する時は、通常の仕事と同様に考えて、OJT指導という仕事の担当者を決めることである。そしてOJT指導員にこれも給与をもらっている"仕事"であり、このOJT指導という仕事で指導員が人事評価を受けることを徹底する。もちろんその評価基準は指導した相手がどれだけ能力がアップしたかである。これを目標管理などでマネジャーとともに評価していく。ケースでは「新入社員がSEとして一人前に仕事をできるようになったか」が評価基準であり、これによってOJT指導員が評価される。

　新入社員とOJT指導員の構造は、「指導員ができる仕事」を「新入社員はできない」。これを「できるようにする」ということである。だから当然のこととして新入社員に「できるようになってほしい仕事」を「できる人」であることが必要条件となる。もちろんOJTも他の仕事同様に、その仕事量だけ時間の空いている人にするというわけではなく、今やっている仕事とOJT指導という仕事をよく考えてマネジャーが調整していくことになる。これがマネジメントという仕事である。

　そう考えていくと人材育成の効率からいって、OJT指導が終わった時、その

新入社員が「なっていてほしい人」に「もっとも近い人」がOJT指導員として適任といえる。ケースではBの西村が適任だと思える。「西村が適任」の理由はもう1つある。彼の場合一人前のSEになったばかりであり、SEとして仕事や能力の棚卸をするのにちょうど良いタイミングである。OJT指導をすることでプロのSE能力のうち欠けているものが自分自身に見え、その成長も期待できる。つまりOJT指導という仕事を通して、西村の能力向上も期待できる。

Aの東山というトッププレイヤーでは、「新人が目指すSE」としてはバーが高すぎると思う。そのため東山としては教えるものが多すぎて、どこからどう教えていくかというオーバーヘッド作業（本来の教えるという仕事以外のこと）が必要となり、かえって効率が悪い。そのうえ西村のようにそのOJT指導という仕事で得られるものが、東山にとってはほとんどない。

Cの南野ではリスクが大きすぎる。プロジェクトメンバーのSEとして南野のどこに問題があるのかをはっきりさせることが、金田マネジャーとしては喫緊の仕事であろう。この原因を南野のOJT指導というプロジェクト以外の"仕事"を通して見るというのは不適切であるし、新入社員がそのOJTによって南野と同じ問題を抱えてしまうリスクもある。

Dの北条については「教えたい」という気持ちを持っているところが評価できる点であるが、それがOJT指導という仕事に求められるものだろうか。むしろマネジャーとしては「OJT指導を通して後輩を育てる楽しさ」や「それによって自分も成長していくこと」を、「やりたいと思ってはいない人」に教えていくことの方が大切ではないだろうか。またコーチングのテクニックが本当にこの場合のOJTに必要なのかもやや疑問がある。コーチングのテクニックは教育の効率よりも質を考えているものであろう。しかし新入社員が「基本的な仕事をできる」ようになる場合、質（どれくらいうまくできるか）よりも効率（新人が一人前になる時間と指導員が教えるコストの比）だと思う。そうなるとやはり西村の方が適任度が高いと思える。

ケース25　教育の方針を決めなくては

最近外部のセミナーに参加したいという声がたくさん上がっている。
限られた教育予算をどうやって使っていけばいいのか…。

　ジャパンフーズの社員教育は3つの部分から構成されている。1つはOJTであり、上司（新人などはOJT指導員）と本人で行う目標管理がベースとなっている。この目標管理では業績や仕事のプロセスに関することだけではなく、その期にどの能力をどうやって高めていくのかを本人と上司が話し合い、それを目標管理計画書に記入し、期末にその計画書を使って上司とともに自己評価していく。目標管理は自分自身でPDSを行うセルフマネジメントツールである。
　2つ目はいわゆる階層別の集合教育である。新入社員教育に始まり、中堅社員教育、ビジネスリーダー養成セミナー、新任マネジャー研修…という形で組織の各階層に合わせて集合教育が実施される。
　3つ目はオープン教育である。必要に応じて社外の教育ベンダー（教育の専門会社）などが行っている自らの業務に関するセミナーや通信教育を受けることである。さらにこの一環として自己啓発支援、公的資格取得支援なども行っている。近年、仕事の環境が大きく変化していることもあり、現場の担当者からの受講要望が増えている。
　オープン教育のテーマとしてはセールス部門では流通業界の動向、各種マーケティングセミナー、インタビュー＆プレゼンテーション…、技術部門ではIE、テクノロジーマーケティング、ABC計算、コーチング…、スタッフ部門ではITリテラシー、内部統制…といったものが中心である。
　ジャパンフーズではオープン教育については、部門ごとに本社人事部から教育予算が配賦され、教育にかかるコストは予算内であれば本社経費として振り替えができる（つまり現場の負担にならない）。

セールス部門では営業本部経由で、支店へ教育予算が振り分けられる。この予算は各支店長が自由に振り分けることができる。

東京支店では期初に支店内の各営業所が教育費を予算要求し、支店長決裁でこれを決定することになっていた。

今井東京支店長は悩んでいた。

「年々各営業所から教育費の要求が増えているが、来期はすごい額だ。われわれが現場のセールスマン時代には『教育受けたい』なんて上司に言えないくらい忙しかったものなあ。だからよく教育予算が余って、上司から『お前、気晴らしに外のセミナーでも行ってこい。セミナー終わったら一緒に受けている他社のセールスマンと飲みにでも行って情報交換でもしてこい』なんて感じだったなあ。今じゃ皆、声高らかに『教育を受けさせろ』だ。教育が権利のようになっている。個々の教育費をどうするかはうちの販売支援課にやらせればいいけど、基本的方針は私が決めないとなあ」

課題　あなたが今井さんならどのような教育方針としますか？

A：「皆で稼いだカネを使うのだから『平等』を原則にする。営業所に人数比で予算を振って、営業所長も所員に対して平等に使うようにする」

B：「成績優秀な人を教育の最優先対象とする。彼が教育を受け、それをまわりに伝えていく。だから業績の良い営業所から優先して教育費を配賦し、営業所の中もこれに準ずる」

C：「教育を受けることでもっとも効果が期待できるものを優先とする。少し手間がかかるが、目標管理をベースとして各営業所長に教育計画を作らせて、支店長である私とそのスタッフでどうするかを判断していく」

D：「教育は問題解決だ。営業所長が集まって、支店内で今、何が問題なのかを話し合い、教育テーマを決める。その問題点のプライオリティで受けさせる教育を決める」

ケース25の得点
A：1点　B：7点　C：10点　D：5点

解説

　人材育成には2つある。1つは「本来の仕事をする」ことそのものである。仕事をすることでその人の能力が高まるもので、企業における人材育成の基本ともいえる。したがってマネジャーは仕事のマネジメント（誰に何をやらせるかなど）をする時、人材育成という観点も考慮に入れる必要がある。

　もう1つは仕事をすること以外であり、これを教育という。教育とはその仕事を行う上での「必要な能力」（その能力に達していないとその仕事をすることができない）、および「十分な能力」（プロとして最大のパフォーマンスを発揮できる能力）まで、各個人の能力を"仕事遂行以外"で上げていくことである。

　ケースにあるジャパンフーズは「必要な能力」を業務と階層によって考え、前者の能力をOJTで、後者の能力を階層別教育で行っている。一方「十分な能力」は誰かがその能力を持っていれば、これをまわりが引き継いでいけばよいが、それだけでは不足していると考え、社外にもその能力アップの源を求め、オープン教育を実施している。ここまでがジャパンフーズの人材育成戦略であり、マネジャーとしてはこれに合意しているはずである。

　さてケースで課題となっているオープン教育であるが、この最大の難点はカネがかかる（他の教育にもかかるが「極めて大きい」といった方がよいかもしれない）点である。ここではカネという経営資源の配分（つまり限られたカネを企業内のどこに使うか）を考えることから始めなくてはならない。

　これはジャパンフーズ全員で稼いだ"カネ"を"特定の人の教育"に配分していくもので、まさに資源配分という経営者の本業といえる。例えば「わが社の戦略として商品開発部門に教育費を重点的に振ろう」といった経営者の意思である。ジャパンフーズではこの資源配分の遂行を経営者から権限委譲された

経営スタッフ部門（人事部）、そして支店長が担っている。

この視点から各案を見ていこう。

A案であるが、一理あるようにも思えるが、これではマネジメントが不要ということになる。人数で自動的に決めるのならマネジメントはいらない。経営者から権限委譲を受ける「教育費の配分という仕事」をマネジャーが放棄することになり、それなら教育費を支店ごとに振る意味がない。

このオープン教育は「ジャパンフーズのセールスマンにとって『十分な能力』と『現在の能力』のギャップを埋めること」が目的であり、そしてそこにコストがかかると考えられる。そう考えると59ページで述べた費用対効果、つまりROIが教育マネジメントの原理・原則となる。ROIという目で見ると、C案がそのマネジメントにかかるコスト（営業所長が教育計画を作成し、支店長とそのスタッフがこれを審査する）を考慮しても妥当である。あわせてこの計画によって、資源配分の権限をさらに現場でセールスマンをマネジメントしている営業所長に委譲するという意味でも、マネジメントの原則に合っている。

B案の考え方も、優秀な人をさらにハイレベルにして、まわりをOJTしていくという意味で理解はできる。ただ見方を変えると、トッププレイヤーなだけに「十分な能力」と「現在の能力」の差が少なく（ROIのRが小さ目で）、その仕事を止めるコストが大きい（Iが大きい）ことになり、「ROIは小さい」とも考えられる。彼が得たものをまわりに伝えていくことで、Rの増大が期待できるが、これなら彼でなくてもRを大きくすることはできる。

D案も1つの手だと思う。しかし教育は短期的に職場の問題を解決するというよりも（現場の最先端の営業所長が話せば、どうしてもこれを見てしまう）、もっと長期的に考える必要がある。さらには話し合いの際に営業所が教育予算を取り合う可能性もある。もしこのように教育を"問題解決"と考えるなら、営業所長が話し合うのではなく、支店長自身が支店内の問題点をプライオリティ付けして、教育テーマを選定すべきだと思う。

ケース26　教育を評価する

店舗のテンポラリースタッフのセミナーを実施することになった。
人事部長からはきちんとセミナーを評価するように言われたが…。

　小川は旧横浜リテールに入社してからの20年間、一貫して人事の労務畑を歩いてきた。ハッピーマート誕生時には当然人事部への配属となり、そこで労務担当のマネジャーとなった。それから１年後、同じく人事部の清水人材育成担当マネジャーが経営企画室へ異動となり、小川がその後任となった。
　小川は過去に教育担当の仕事を兼ねた時代はあったが、人材育成と大上段に構えて仕事をするのは初めてであり、その責任者ということに少し憂鬱な気分だった。
　就任に際し、人事部長から言われたのは次のようなことであった。
「君を人材育成の責任者にしたのは、わが社の人材育成をゼロベースから考えてほしいからなんだ。新生ハッピーマートとしての新しい教育システムを考えてほしいんだ。前任の清水君が、がんばって半年間で旧２社のOJTの仕組を整理統合し、そのシステムも確立し、順調に運用されている。私が君に考えてほしいのはOff-JTの部分だ。君も知ってのとおり、うちの店舗のオペレーションを支えているのは、ある意味ではパートタイマー、派遣社員、契約社員といったいわゆるテンポラリースタッフだ。今までこの人たちへの教育は業務マニュアル一本だった。OJTといったって、その指導員の絶対数が不足している。現場からはテンポラリースタッフの質的レベルが落ちて、お客様からクレームが出ているという声も上がっている。これはテンポラリースタッフの質が落ちたのではなく、彼らがやる仕事が従来の単純作業から、応用力が求められる接客作業まで広がっているからだと思う。だから彼らにもうちの店舗システム、取扱商品に関する知識といったことを理解してもらう必要があると思うんだ。

君にはこのための新しい教育を企画してほしいと思っている」

小川は早速、各店舗を回り、パートタイマーなどのテンポラリースタッフの仕事ぶりを見るとともに、各店舗の店長と面談し、意見を集めた。店長のほとんどすべてがテンポラリースタッフの集合教育には賛成であり（その際の教育コストを本社側で持つこともあるが）、EOS、POSシステム、会員カードシステムなどのITや、商品なかでも生鮮食品に関する基本的知識などをテーマとしてほしいとのことであった。

いきなりテンポラリースタッフ全員というわけにはいかないので、何人かの店長に対象者をセレクトしてもらい、とりあえず2日間のトライアルセミナーを実施することになった。セミナーの講師を現場から出すことが難しいため、ハッピーマートとして教育してほしい内容をまとめて、これをベースとして教育ベンダーへセミナーを一括して外注することとした。

人事部長の合意も得られ、このセミナーを実施することとなったが、人事部長からは「この1回で終わりじゃないんだから、実施したセミナーをよく評価して、より良いものになるよう考えてくれ」と言われた。

小川は悩んだ。「セミナーの評価か…」

課題 あなたが小川さんならこのセミナーをどうやって評価しますか？

A：セミナー受講者から受講後にアンケートを取り、それを使ってセミナーの問題点を洗い出し、これを改善していく

B：セミナー終了後、受講者から「今回のセミナーを現場でどのように活用できるか」をレポートとして提出させ、その活用を促進させる

C：「受講者の能力がセミナーによってどれくらい上がったか」を受講者の上司にセミナー後に評価させ、上司にそのレポートを提出させる

D：トライアルセミナーに受講者の上司、店長などもオブザーバーとして参加してもらい、今後のセミナーの内容に関する意見を募る

ケース26の得点
A：1点　B：2点　C：10点　D：5点

解説

　何度も述べるようだが、企業において教育という人材育成は仕事であり、当然のこととしてマネジメントすべき対象である。そしてマネジメントの基本はPDCAである。教育を企画し（PLAN）、実行し（DO）、計画と実行との差異をチェックし（CHECK）、次の教育をより良きものとする（ACTION）というマネジメントサイクルを実践することである。

　教育の計画においてもっとも大切なことは、そのカリキュラム（教育の項目および時間スケジュール）、講師、教材といったいわゆるコースウェアではなく、「受講者のどの能力を、どこまで上げようとしているのか」という教育目的と、「このセミナーでこれくらいは上がるはずだ」という能力仮説である。これを"ものさし"としてコースウェアを見ていく。したがってセミナーの評価プロセス（CHECK & ACTION）でも、「計画にある能力の項目が仮説通りに上がったか」という目で見て、計画とはちがう部分を見つけ、それはなぜか、次の教育はどう変更していくのかを考える。このCHECK & ACTIONはセミナーの講師でも、外注した教育ベンダーでもなく、その教育計画を立案したマネジャーが行うのが当然である。

　このマネジメントの目でケースの各案を見ていこう。

　現実の世界で、教育ベンダーへ外注するセミナーを評価する時の常套手段は、ケースのA案である。この手のセミナーを受けた経験のある人なら、受講後アンケートを記入した経験があると思う。しかし受講者が何のためにこれを書かされているかを知らないだけではなく、アンケートを企画する事務局（セミナーの企画部署をなぜかこう呼ぶ）もこのアンケートの"目的"まではあまり深く考えていない。この手のアンケートの主力項目は「このセミナーはあなた

の仕事に役立つか」や「学んだことをどうやって仕事に生かしていくか」といった質問である。前者の「仕事に役立つか」はセミナーをこの"ものさし"で評価しているのだろう。しかしセミナーを測る"ものさし"は誰が何といっても「その人の能力が上がったか」であり、これに反論することはできないと思う。そしてこの能力評価の評価者として本人自身があまり適当だとは思えない。後者の「仕事に生かしていくか」はこのセミナーの実施効果をとらえようとしているのだろう。しかしこれは「教育の評価」ではなく、教育実行の一環として、むしろ能力アップを促進するもの（仕事に活用することを考えることで）としてとらえるべきである。つまりセミナーの一部である。

　B案はそういう意味で、これはセミナーの評価（SEE）ではなく、実行（DO）であり、コースウェアの1つと考えるべきものである。必要に応じて（受講者の能力を上げることができると考えるなら）レポートを提出させるべきではあるが、これはセミナーの一環であり、「私はこのセミナーをきっと仕事に生かす」という受講者の宣言によってセミナーが評価できるわけではない。

　教育という仕事において、その人の「能力を評価する」のは、ストレートに考えれば"その人の上司"がもっともふさわしいと思う。つまりC案である。

　確かに教育ベンダーから見れば、サービスする相手（受講者）はお客様と考えられる。だから受講者のアンケートによって教育の感想を受けることにも"少しは"意味がある。しかしこのケースのような場合はセミナーの感想など意味がなく、受講者の上司がきちんと能力アップを評価することだと思う。こうすれば受講生も「セミナーを受けること」が、自分が給与をもらって、そして会社がカネを払ってやる「教育という仕事だ」という意識を持つはずである。

　D案は教育内容を評価するには良い手段ともいえるが、それよりも本来の目的といえる受講者の能力に着目すべきと思う。こういう形で評価をするとどうしてもセミナーの細かい中身の議論になってしまい、「どうすれば受講生の能力が上がるか」というテーマから離れてしまうリスクが大きい。

> ちょっとひとやすみ

経営者になるマネジャー、ならないマネジャー

　私はコンサルタントとして、マネジャーから経営者へキャリアアップしていく姿を数多く見てきたし、それ自体が仕事（誰を経営者にするか）にもなっている。そして"経営者になるマネジャー"には特徴があることに気づいた。

・**下を見ている**　経営者になるマネジャーの最大の特徴は、目線が下向きで、総じて「優しい」ことだ。目線が上向きだと、上から見ると「ういやつじゃ」的な感じで"手駒"としては捨てがたい存在だが、次期経営者として見た時はYesManではどうしても物足りなさを感じさせる。特に最近の大企業のように、次期経営者として直属の上司である現経営者が"引き上げる"のではなく、公平にレポートや面接などで"選ぶ"という時代では、目線が上向きの人は「上がいないと力が発揮できないのでは」と思われてしまう。上の気持ちを一度理解したら、上の立場で下を見ている人の方が経営者になれる確率が高いと思う。

・**おとなしい**　今1つその分析ができていないが、ここ数年で経営者になった人たちに会ってみると（まあ会った人はそんなには多くないが）、「声の大きい人」より、「おとなしい人」が"なっている確率"が高い（ような気がする）。私の気のせいかもしれないが、企業が"年功"から"意見"へと秩序を変化させ、新しいスタイルのリーダー像が求められているためではないだろうか。

・**プレイよりもマネジメント**　現場で大活躍したトッププレイヤーがマネジャーになり、その人がトントン拍子で経営者になるといったことが少なくなったように思う。プレイヤー時代は"中の上"くらいで、そのためマネジャーになるスピードは普通だが、マネジャーの期間が短く、「あれよ、あれよ」という間に経営者になったという人が多いような気がする。マネジメントという仕事の評価が適切になったのかもしれない。

　こうして生まれた経営者が企業に新しい風を生んでいる。従業員を愛し、物静かで、チームワークを大切にし、冷静にプロのマネジメントをする人が新しい経営者となり、団塊の世代たちが作った競争力の強いジャパニーズ・カンパニーの文化を大きく変えていきつつあると思う。

シーン 6

トラブルに対応する

ケース27　なぜやめてしまうのだろう

パートタイマーの退職率が上がって困っている。
でもその原因がたくさんありすぎて、何から手をつけていいかわからない…。

　ハッピーマートは店舗のパートタイマーの退職率の増加に悩んでいた。入ってしばらくしてパートにやめられてしまうと何のために仕事を教えたかわからないし、ベテランのパートに突然やめられてしまうとその補充が難しく店舗オペレーションに大きな影響を与える。ハッピーマート人事部労務担当マネジャーになったばかりの外村は悩んでいた。
「なんでやめてしまうんだろう。その原因がわからない限り、手の打ちようがない。実情を現場の店長たちに聞いてみよう」
　翌月の店長会議へこの件をテーマ登録し、外村はそこで意見を聞くことにした。ベテランパートにやめられてしまった店舗の店長の中には、このテーマを聞いてそれに関する資料を持ってくる者もいた。
「時給の問題でしょう。パート、アルバイト全体として、労働需給は需要が旺盛であり、時給アップの傾向にあります。お手元の資料にあるようにわが店舗のある地域では昨年比テンポラリー人件費が7.2％も上昇しています。一方当社は高時給のベテランパートの退職もありますが、昨年比0.1％アップという低い伸びです。これではやめて他店へ行ってしまうのも仕方ないと思います」
「いや、カネの問題じゃないと思うよ。やっぱり店の人間関係、というよりも年齢構造だ。その店のパート、従業員の平均年齢が低い店舗ほどベテランのパートがやめていく。自分より年下の若者に使われるのがいやなんじゃない。逆にパート、従業員の平均年齢が高い店舗などは若いパートがやめてると思うよ。店のムードについていけなくて浮いちゃうんだろうね」
「店舗のタイプじゃないか。大型店の方は急に休んでも何とかなるけど、小型

店では1人休んでも店が動かなくなってしまう。風邪ひいても休めないのはきついよ。それに大型店の場合は分担がしっかりしていて、レジはキャッシャー、商品をつめるのはサッカー、店のその他のオペレーションもそれぞれ担当者が決まっているけど、小型店じゃレジから掃除まで、何から何まで1人でやらなくちゃならない」

「私は地域の問題だと思います。私の店のまわりは賃貸マンション、アパートが多く、若い主婦ばかりです。彼女たちはこの時代に共働きで貯金して、貯金がたまったら、もう少し郊外へ持ち家で引っ越します。そのためどうしてもパートの出入りが激しくなるんです」

「いや労働条件だろう。スケジューリングの厳しい店は、繁忙によって今日は2時間、明日は5時間と細かく設定し、アバウトな店は週を通して4時間と決めてるだろう。スケジュールが厳しい店は、いつも忙しい状態になる。これではきついからやめるよ」

外村は思った。

「こんなにたくさん原因が考えられるのか。皆の意見が揃わないんじゃあ、次にどんな手を打ったらよいかわからない。まさか考えられる原因1つ1つにすべて手を打つわけにはいかないし…」

課題　あなたが外村さんならどのようにアプローチしますか？

A：現場を一番よく知っている店長に投票してもらい、もっとも点数の高い原因から手を打つ

B：時給別、平均年齢別、業態別などに退職率を計算して、この数字をベースとして原因を特定する

C：退職したパートタイマーに面談して、退職の理由を聞く

D：それぞれの原因だったと想定し、その原因の状態（例えば時給が低い）にあるのにやめない人を見つけ、やめた人と比較してみる

ケース27

ケース27の得点
A：3点　B：4点　C：4点　D：10点

解説

　マネジャーをやっていると、「原因不明のトラブル」にぶつかって、どうアプローチしてよいかがわからないことがある。それは自分が直接実行していない仕事でトラブルが起きると、原因に対する"カン"が働かないからである。

　アプローチ法さえも思いつかない時は、次のように考えてみる。「世の中には自分より賢い人がいて、その人たちも同じようにこの問題にぶつかったはずだ。彼らはどのように対応したんだろうか。そして自分のような悩みを持つ人はきっとたくさんいるので、この賢い人の対応法を誰でも使えるように"ノウハウ"として体系化して整理しようとする人がいたはずだ」

　この体系化されたノウハウが世にいう「問題解決技法」というものである。

　問題解決技法の特徴は、"良い結果"を生むものではなく、次の手をスピーディーに打てることである。企業においてこのスピードを上げる最大のポイントは、上司、部下など周囲の説得である。そのためには情報を適確に整理し、自分の意見をまとめて、周囲へ伝えるという動作を早くすることである。問題解決技法はこのスピーディーな"やり方"を局面に応じてパターン化したものだ。

　原因究明という局面において、問題解決技法では次のように考えている。

　まず前提は「もう起きてしまったトラブルの"真の原因"などわからない」ということである。これに自分が合意し、周囲にもその合意を求める。ケースでいえば「パートタイマーがやめた真の原因なんてわからない」ということである。しかしこれでは手の打ちようがない。

　そこで「今ある情報を整理してみると、これを原因と考えてもおかしくはない。あるいはこれを原因と考えるのがノーマルだろう」という原因を見つける。そう考えると原因究明という仕事のポイントは情報の収集と整理である。情報

は無限にあるし、収集コストもかかる。しかも真の原因などわからない。「まあこれが原因と考えて手を打つしかない」と"腹をくくれるライン"にたどりつくには、どの程度まで情報を集めるかということが原因究明の出発点である。

　次にその段取りを説明しよう。まず起きているトラブルの情報を収集する。これは比較的情報量が少ない。トラブルに関する5W1Hのうち、Whyを除くWho（誰が）、When（いつ）、Where（どこで）、What（何に）、How（どれくらい）という形くらいに整理する。しかしこれだけでは原因を絞り込めない。ケースの会議はまさにそんな状況である。

　これは起きているトラブルだけを見ているからである。そうなると"トラブルが起きていない情報"も必要なことはわかると思う。しかしこれは起きている情報と比べると果てしなく多い（だからトラブルだ）。そこで「起きてもよさそうなのに不思議と起きていない」4W1Hを探す。中村さんがやめたのに、不思議とやめない"同じ状況にある佐藤さん"…。これをヒントにいくつかの想定原因を考え（すでに挙がっていることも多い）、それが原因だと仮定して、「起きる」と「起きない」に分かれるかを考えてみる。時給が原因だとして「中村さんはやめて、佐藤さんはやめない」ということで"つじつま"が合うか…。これを1つずつやっていく。想定原因の中でもっとも"つじつま"が合うものを「もっともそれらしい原因」と考えて、そこに手を打って（原因を取り除くなど）その変化をみる。つまりケースのDのような対応である。

　Aの進め方の問題は、店長がどうしても目の前の"やめている人だけ"を見てしまうことであり、そのため情報量が少なすぎる。

　Bはそれをやると何かが生まれそうだが、（やってみればわかるが）細かくやればやるほど情報量が増えすぎて、かえって収拾がつかなくなる。時給別×平均年齢別退職率、平均年齢別×業態別退職率…。

　Cでは「面談コストがかかりすぎる」「全員に会えず、会う人には偏りがある」「本当の理由を話してくれない」など問題が多すぎる。

ケース28　異物混入がマスコミで報道された

コンビニの弁当にゴキブリが入っていたとマスコミが報道した。ジャパンフーズとしても他人事ではない。こんな時どうしたらいいんだろう…。

「ナショナルストア××店で販売された弁当にゴキブリが混入！」
　大手コンビニチェーンのナショナルストアの異物混入事件は、マスコミでセンセーショナルに報道された。
　発見者の高山氏は雑誌記者であり、弁当購入からゴキブリ発見、店舗のアルバイトへのクレーム、その対応の一連を記事として週刊△△に掲載し、さらにはその後の顛末をリアルタイムで自身のブログで公表していった。記事の内容は次のようなものだった。
「例によって職場近くのナショナルストアで昼食の弁当を買った。3日に1回は食べている"おかあさんの手作り弁当"というナショナルストアでは売れ筋の人気弁当だった。よく見るとおかずのマーボー豆腐に、黒いコショー粒のようなものが入っていた。『あっこれって辛いのかな』と思い、一粒なめてみようと思った。そしてその中に少し大きめの粒があることに気づいた。何か不思議な感じがしたので、これをルーペで見てみると、何とそれは小さなゴキブリだった。いくら何でもゴキブリが入っているとは…。私は軽い吐き気をもよおした。この弁当をカメラに撮り、購入したナショナルストアへ行き、アルバイトらしきレジの店員に『弁当にゴキブリが入っていました』と言うと、店員は『店長と今連絡がつかないので、とりあえず代金はお返しします。ここにあなたの連絡先を書いてくれませんか。それとこの弁当はこっちでもらっといていいですか』とクールに答えた。その日の夕方、本部から電話があり、謝罪に行きたいとのことだった。現れたのは共に40代後半の本部次長とお客様対応室長だった。彼らは『大変申し訳ありません。現在どういう経緯で混入したのかを

調べています』と頭を下げた…」

　異物混入がここのところ、何件か続いてマスコミで報道されており、しかも今回は"ゴキブリ"ということもあって、この事件はテレビのワイドショーなどで"おもしろおかしく"伝えられた。

　ジャパンフーズ営業本部のチェーンストア担当マネジャーである松本に、得意先のコンビニチェーンである「エブリディショップ」の本部長から電話が入った。「すぐに来てくれ」とのことだった。

「本部長直々なんてめずらしいなあ。例のナショナルストアの件かな」

　松本の予感は的中した。

「あなたもご存じのように、競合のナショナルストアは今やマスコミの"えじき"になっている感じだ。マスコミからすれば、ここでもう一度同じようなことが起これば"いいニュース"なんだろう。だからきっと必死になって、他の商品にも異物混入がないかを探していると思う。万が一にもうちの店の商品から見つかったら、とんでもないことになる。うちはお宅から加工食品だけでなく、自社ブランドの弁当の食材も購入している。この事件へのお宅の"社としての対応"を、文書でうちの社長あてに提出してくれないか」

課題　あなたが松本さんならどのような対応を取りますか？

　A：ジャパンフーズの社長名で「当社は一切の異物混入は致しません」という誓約書を出す
　B：ジャパンフーズの品質管理システム、チェック体制などについて、文書にまとめて提出する
　C：ナショナルストアの異物混入の原因を調べ、当社においてはその原因によるトラブルを予防していることを文書で報告する
　D：現在よりも品質管理を強化するようにして、その強化ポイントについて文書で報告する

ケース28の得点
A：0点　B：10点　C：5点　D：3点

解説

　メーカーなどが作る製品は、まず設計仕様（どんな製品にするか）を決め、これにもとづいて製造される。製品のうち設計仕様どおりに作られていないものは一般に不良品といわれる。

　企業が不良品について考える時に大切なことは、「不良品をなくすことはできない」ということである。どんなに"きちん"と作っても、どんなにすばらしい品質管理体制をとっても、不良品をゼロにすることはできない。この不良品を出荷検品、テストなどでチェックして発見しようとしても、チェックモレが生じる可能性をゼロにすることなどできない。

　不良品をなくすことはできないが、減らすことはできる。
"不良品を減らす策"を考える時にもっとも大切なことは、その"仕組み"である。すなわち38ページで述べたコントロールである。そしてそこで述べた通り、この適確なコントロールが「発生確率を落とす」という予防だけでなく、「不良品が発生した時のダメージを小さくする」という発生時対策となる。

　今回のケースで松本が考えるべきことは、不良品という結果ではなく、このコントロールについてである。コントロールは正当性と準拠性がその指標である。その指標を通してナショナルストアのコントロールを考え、自社と比較してみる。こうやってこのトラブルを"他山の石"とすべきである。

　まずはナショナルストアの品質管理ルールは正当だったかである。ISOなどの社会的ルールだけではなく、そのルールがコンビニチェーンとして考えられるリスクに対して、正当な手を打つものとなっていたのかを考えてみる。例えばゴキブリ混入という、"あってはならないトラブル"を発見するルールが妥当なものかということだ。これが正当性である。もちろん他社のことなので詳

しいことはわからないが、仮に自社のルールなら発見できたかと考えてみる。

次にルールを守っていたかという準拠性である。これは他社の場合もっと難しいが、やはり自社に当てはめてみる。「ルールを守っている」という行為を誰がどうやって確認しているのだろうか。

コントロールの正当性、準拠性に問題がなくても不良品などのトラブルは発生する。これは動かしがたい事実である。しかし正当性と準拠性に問題がなければ、不良品が発生してもそのダメージは小さい。マスコミなどに「ずさんな管理体制、従業員の信じられないミス」といったことは書かれない。

ケースの対応を見てみよう。A案は最悪の選択肢である。異物混入を完全に阻止することなど、もちろんできない。それなのにこういう約束をして、万が一発生したら、ダメージは想像以上に大きく、致命的なものとなる。

C案にはいくつかの問題がある。まずは140ページで述べたように"真の原因"がわからないということだ。2つ目は仮にそれらしい原因を除去しても、全体のコントロールを考えなければあまり意味がないことである。一方良い点も1つある。万が一、ジャパンフーズでナショナルストアと"同じような不良品"が出たら、別のパターンの不良品よりもダメージが大きいことである。そういう意味で上に書いたように、今回と同様のトラブルがジャパンフーズで起きないかを、他の予想されるトラブルよりはしっかりチェックする必要がある。

D案のように他社で事故が起きるたびに、コントロールを強化していくのではいくら何でも"その場しのぎ"である。良い点はやはり「同じような不良品が出た時を考えると、『ナショナルストアでこれだけ騒いでいたのに、何もしなかったのか』という批判を避けられる」ことだ。

こう考えるとB案がもっとも適切であろう。エブリディショップでこれから先に不良品が出る可能性について議論するよりも、上で述べたように今回の事件を他山の石として、ジャパンフーズの品質管理のコントロールの正当性、準拠性について考え、先方とは議論をすべきである。

ケース29　コールセンターがつながらない

東総電のコールセンターは受付業務をすべて専門業者へ委託している。
電話はどんどんかかってくるのにオペレータ数が足りない。

　東総電では消費者向け製品を販売しているためコールセンターを持っている。ここで一般消費者からの操作に関する疑問、トラブル、不良品といったさまざまな対応に関してオペレータが電話受け付けをしている。
　東総電のコールセンターではここに来て電話が毎日殺到している。フリーダイヤルのこともあるが、そのほとんどは操作に関するもので、「電源スイッチはどこですか」といった質問もある。またオペレータが手一杯でも、それ以上に回線を確保しており、オーバーフローした顧客は待ち状態となる。そのためインターネットの掲示板などには「東総電のコールセンターはちっともつながらず、まるで"待ち受けミュージックセンターだ"」などと書かれている。
　コールセンターは組織上は広報室の下にあって、センター長もいるが、オペレーション業務自体は専門の会社へすべて委託している。センター長へは月末に委託会社から電話件数、問い合わせ状況などが報告されている。
　山下は入社してから総務部、広報室など管理畑を歩き、昨年コールセンター長となった。山下は家電量販店を担当している営業部のマネジャーからクレームを受けた。「うちのコールセンター評判悪いよ。量販店の店長がお客からつながらないと言われて、うちのセンターに電話入れたら、4時間待たされてやっとつながったって言ってたよ。何とかしてよ」
　そこで山下はコールセンター委託会社の責任者、消費者対応製品のセールスマネジャー、保守センター（製品修理を担当）のマネジャーなどを集め、対策会議を開いた。コールセンター会社の責任者がまずは発言した。
「現在御社のコールセンターは電話が非常にかかりづらい状況となっています。

特に月曜日の午前中は、開始9時の時点でオペレータはすべてオンコール状態です。ご契約オペレータ数の増員が必要かと思われます」
「忙しい時間帯だけオペレータを増やすってわけにいかないの」
「できません。御社の製品教育に1週間かかり、その後、1週間は当社のコーチがOJT対応し、1日7時間労働という約束で雇用していますので」
「問合せはどんな内容なの？」
「ざっと90％が操作に関する質問、5％が使用トラブル、5％が初期不良です」
「だったら、電話のボタンを使って振り分けたら。操作の問い合わせは"1"を、トラブルは"2"を、という形でトラブルを優先的につないだらどう」
「操作に関する質問はメール受付にしよう。そうすりゃ2時間や3時間待っても、クレームにならないし、めんどくさくてメールも打たないでしょう」
「操作マニュアルが悪いんじゃないの。ちゃんとできてないんじゃないの」
「ちゃんと書きすぎて厚くなって、読まないんだろう」
「ホームページに操作マニュアルのコンテンツを載せて、質問に応じて該当箇所へ飛ぶようにして、使用者が自分で何とかわかるような仕組みにしたら」
「ところで電話の問い合わせや応答内容ってうちに全部来てるの？」
「項目別の件数は送っています。問い合わせ内容をすべて記録してお渡しすることも可能ですが、膨大なデータとなり、コストもかなりかかります」

> **課題** あなたが山下さんなら、次のどの対応を考えますか？
>
> A：電話受付時に「操作方法のお問い合わせの方は1を、トラブル発生の方は2を…」といった形で振り分け、重大なクレームを優先的につなぐようにする
> B：操作の質問はメール対応を原則として、どうしてもダメな時のみコールセンターへかけてもらうようにする
> C：操作マニュアルのコンテンツをホームページに載せる
> D：オペレータを増やし、問い合わせ内容もすべて東総電がデータとして受け取る

ケース29の得点
A：4点　B：3点　C：1点　D：10点

解説

　消費者向け製品を販売しているメーカーでは、コールセンター、お客様相談窓口といった形で消費者対応のセンターを設けていることが多い。

　どこの企業でもこういったセンターへの問い合わせ内容は大きく2つに分かれている。相談とクレームである。相談とは製品の使用法などに関するもので、多くの場合操作説明書などに記載されているものに関しての質問である。つまり「説明書をしっかり読めばわかるはずのもの」である。

　一方クレームは大きく3つのパターンに分かれる。1つは「ちょっとしたこと」、「人によってとらえ方がちがうこと」、「その使うシーンによって少し使い勝手が悪い」といったもので、クレームというよりも、メーカーなどでは「ご意見」と呼んでいるものである。例えば「容器のキャップが開けづらい」「製品がすべって落ちやすい」というものである。

　2つ目は「使用トラブル」である。「製品から水モレがしている」といった使用時に起きたものであり、多くの場合メーカーが想定しなかったような使い方（"激しく振った"など）をした時に起こったものである。

　3つ目はメーカーがもっとも恐れる「不良品」である。144ページで述べたように設計仕様とは異なる製品が顧客の手許に届いてしまったものだ。

　相談もクレームもすべて製品と消費者が出会ってから、消費者側で発生した情報であり、よく考えてみればメーカーにとって極めて貴重な情報である。

　流通業の店舗を通して自社製品を販売しているメーカーのように、消費者を直接見ることのできない企業にとって、これがいかに有用な情報であるかはよくわかると思う。しかし多くの企業ではこれらコールセンター、お客様相談窓口への問い合わせに対して、その「対応」のみに目が行ってしまう。そしてそ

こで発生した貴重な情報は"負の情報"として、場合によっては対応が終わると、あっさりと捨ててしまう。

また対応だけを考えるので、どうしても効率に目が行ってしまう。いかにして相談やクレームを"うまくこなしていくか"である。

一方でこれら消費者向け製品の大手メーカーは、膨大なコストを使ってマーケティングリサーチを行っている。マーケティングリサーチは専門会社へ委託され、グループインタビュー（特定の人を集めて、使い勝手、機能など製品に関する意見を聞く）、ネットアンケート、電話アンケート、面談調査…といった方法でなされる。リサーチ会社のノウハウはいかにしてサンプラー（インタビューやアンケートに答えてくれる人）を確保するかにある。

ケースの場合で考えてみよう。消費者からわざわざ東総電のコールセンターへ電話をかけてきたのである。まさに製品に関する"生の声"を聞くことのできる"絶好のチャンス"である。本来ならカネを払ってでも、リサーチをかけてでも欲しい情報のはずであり、1秒でも長く話していたいところである。

「スイッチがどこにあるのか」という相談だって大切な声であろう。電源スイッチがわかりづらいんだから、この人にとっては他のスイッチだってわかりづらいはずだし、他の機能だって使いづらいに決まっている。このような顧客は操作性を上げるだけで満足度が"高まって"いくかもしれない。この価値のある情報を捨てたり、持っている人を待たせて、場合によっては電話を切られてしまうのはいくらなんでも「もったいない」。

D案のようにコストをかけてでも"この声"を少しでも早く、少しでも多く獲得し、これを分析し、商品開発などに生かすべきである。

A案は重大な不良だけを抜き出すという点では評価もできるが、いつでもどんな電話でもつながるようにしておけば問題はないはずである。B案とC案は対応を"こなす"ことに目が行き過ぎて、これらの「声」を大切な情報として集めようとしていない。

ケース30　重大なクレームが発生した

深刻なトラブルの一報が入った。トラブルの原因はわからない。
うちの責任でなければいいのだが…。

　東総電はリチウム電池マーケットにおいて、日本では大きなシェアを持っている。自社の製品として消費者などへ直接販売するだけでなく、他社へOEM[*1]供給したり、自社や他社のさまざまな製品に部品として組み込まれたりして販売されている。
　立川は東総電の部品デバイス事業部パートナー営業部のマネジャーである。彼の担当している取引先の日本機械から電話が入った。
　「お宅のリチウム電池を組み込んだ"うちの製品"が激しい発熱をしているというクレームが、納入先のイースト・インダストリアル社から入った。原因はよくわからないが、どうも発熱箇所からいって、お宅の電池が原因じゃないかと思う。その発熱した場所がエネルギー系の部分でオイルを使っており、少しナーバスなところなんで、一旦機械を止めてもらっているんだけど、状況的にはかなり深刻だ。うちのメンバーと一緒に先方へ行ってくれる担当エンジニアを至急出してくれないか」
　立川はすぐに電池設計部の主任エンジニアである高橋に電話した。高橋は電話口で少し興奮していた。
　「それ本当の話…。まいったなあ。でも一番考えられるのは先方の条件外使用だな。日本機械への納入時の使用条件とちがう形でうちの電池を使ってるんじゃないか。だけどもし万が一、うちの設計不良が原因だったとしたら、こりゃ大変なことだぞ。考えただけでもゾッとする。これと同タイプのものは一般消費者向けにもかなり販売しているから、家庭で事故が起きてなくても設計不良なら回収となって、大変なことになるぞ。下手すりゃ事業ごと、最悪なら会社

ごとぶっ飛ぶぞ。そりゃあもちろんすぐ行くけど、発熱はやっかいだな。行った時は、もちろんクールダウンしているだろう。テストをやるったってテスト環境が作れるかだ。発熱した時と同じ使用条件が作れるかだな。それに発熱していない同製品とも比較しなくちゃいけないし。原因調査には最低でも１週間はかかるぞ。営業としてはどう対応するんだ？」

「まいったなあ。うちの事業部長はヨーロッパ出張中の機内だから、つかまらないかもしれないなあ。だからって社長に突然言ったらびっくりして腰抜かしてしまうだろうし。それに頭越したら、後で事業部長に何か言われそうだな」

「一刻を争うぞ」

課題 あなたが立川さんなら、どのようなスタンスでこのトラブルに対応していきますか？

A：原因調査を１週間とせず、とりあえず今ある情報から原因を推定し、どの会社（東総電、日本機械、イースト・インダストリアル）に問題があったのかをはっきりさせる。そのうえで東総電の経営サイドとこれからの対応を協議する

B：至急社内の関係者を集め、社内対策会議を開き、対応を協議する。社内では原因がはっきりするまでは、勝手な言動、行動をとらないように、きちんとすり合わせをする

C：自らイースト・インダストリアルに行き、何はともあれ謝罪する。そのうえで原因がはっきりするまで、当面はこの件を部外秘扱いにしてもらうよう依頼する

D：日本機械に了承をとり、イースト・インダストリアルからのクレーム状況をすべてマスコミに公開する。そのうえで消費者や他社に対して同様な状況がないかを連絡してもらうように広報室へ手配する

＊1. 他社のブランドで商品を生産して納入すること。

ケース30の得点
A：3点　B：1点　C：0点　D：10点

解説

　近年トラブル、クレームへの対応ミスで企業が崩壊してしまうことも多い。これらのほとんどがトラブルや不良品を出したこと"そのもの"ではなく、それが発見されてからの"対応のまずさ"がその原因で、マスコミによる糾弾によってあえなく討ち死にしている。企業としては社内にコンプライアンスを徹底させることはむろんのことであるが、マスコミへの対応方法を決めておくことが生死を決めるといっても過言ではない。

　ゲームの理論（ゲームの必勝法を数学的に考えるもの。ビジネスへもその考え方が取り入れられている）に「不確実性のもとでの意思決定」という分野がある（詳細は拙著『経済のナレッジ』を読んでほしい）。これは状況がはっきりしない段階でいくつかとることができる案がある時、どのような案をとるかということを考えるものだ。そこには基本的な"意思決定ルール"がいくつか紹介されている。その中の1つに「損失をミニマックスで考える」という意思決定ルールがある。これはとりうる各案それぞれについて、考えられるケースの中で最悪の場合を想定して最大の損失を出し、その「最大の損失」が「最小の案」を選ぶというものである。

　この「損失のミニマックス」が不確実性のもとでのトラブル対応では基本的ルールとなる。これは状況、原因が不確実な中（ケースの場合は「何が原因かわからず、その状況や原因によって事態が変わり、これによって受ける損失も大きく変わる」）、ある対応策をとり、時間経過とともに状況がある程度はっきりしていき（それらしい原因が見えてくる）、そのうえでダメージが確定するという構造である。企業がこういう状況の時は当然のこととしてダメージがもっとも小さい案をとりたいのだが、状況が確定しないのでそれぞれの案が受け

るダメージが確定できない。そこで各案ごとに最悪のケースを考えて最大ダメージを予測し、その最大ダメージがもっとも小さい案を選ぶというものである。

このケースの東総電の立場で、損失のミニマックスルールで考えてみよう。各案に共通している"最悪の状況"はトラブルが東総電の設計ミスで、かつこの不良の対象範囲が"すべての電池"にまで広がった場合である。そしてもう1つ東総電のダメージを決めるキーポイントはマスコミである。

A案、B案の最悪の場合は、マスコミ対応を考え合わせると次のようなものだろう。東総電が原因調査中にマスコミにこのトラブルが見つかり、記事、ニュースにされてしまう。その後マスコミにせかされて、記者会見で東総電の責任者が「現在原因調査中」と発表し、その間に同様の隠れたトラブルが次々と発見されてしまう場合である。ただA案の方がその原因調査の検討時間が短いので、この最悪のケースに陥る可能性はやや低い。

C案の場合ではA、Bに加え、東総電が「口止め」した印象があり、マスコミにそれをつかれた場合、当社は大ピンチとなる。「企業ぐるみの不良隠し。事故が起きているのに発表せず、被害が拡大」という新聞見出しが浮かぶ。

A、B、Cの案を考えてみてわかるように、東総電として最悪のシーンはマスコミに「どうしてトラブルが起きているのがわかっていて、公表しなかったのか。その間に消費者への被害が広がるとは考えなかったのか」という質問を受けた時である。

Dの案はこの最大のダメージを排除できる。確かに東総電の責任ではないかもしれないのに大騒ぎにはなる。しかし仮に東総電にとっての最良シーンである「当社に何のミスもなくトラブル自体が誤解だった場合」でも、D案はコスト高とはなるが、対応によるリターンが大きい。「トラブルに万全の手を打った東総電」である。これによってコーポレートブランド（会社としてのブランド価値）のイメージを上げる可能性が高い。そして最悪の場合であってもその真摯な態度が、逆に東総電のコーポレートブランドイメージを上げるはずである。

ちょっとひとやすみ

ポテンシャル評価をやってみて

　私はいくつかの会社でマネジャー養成塾、リーダー養成塾というのをやってきた。マネジャー、リーダーを育てていくために知識を身につけさせたり、さまざまなケースについて考え、ディスカッションを続けていくものだ。その塾では卒業する時に、各人に対してポテンシャル評価というものを行う。これは今プレイヤーとして活躍している人たちの「マネジャー、リーダーとしての潜在的な能力」を、塾のワークを通して発見していくというものだ。

　評価項目は本書のエピローグにある10項目が代表的なものだ。これを5段階で評価していく。そのうえでマネジャー候補、リーダー候補としての総合評価点を出す。このデータは私の会社に何千人とある。

　ちょっと遊び心で、この評価データをいじってみた。各項目の平均点はだいたい"3"になるように評価されている。そこで各項目ごとにバラツキ（この後のケースの解説に出てくる標準偏差のこと）を出してみた。バラツキが一番大きかったのが"経営パートナーシップ"という能力で1.03、一番小さかったのが"問題解決力"で0.68だった。「経営者の気持ちがわかる」というのは人によって差があり、問題解決力はあまり差がない（正直いってこのクラスのビジネスマンは全体的に低いのだが）ということか。「戦略をわかるやつはわかるが、わからんやつはまるっきりわからん」という経営者の声が聞こえてくる。

　ついでに総合評価点と10項目の相関係数（片方が高いと片方も高くなるという傾向。完全に比例すると１、全然関係ないと０になる）を出してみた。もちろんすべての項目の相関係数は高い（各項目の評価合計が総合評価点なので）。その中でももっとも高いのがやはり"経営パートナーシップ"で0.85、もっとも低いのが"実行力"で0.61となった。「現場でバリバリやってやろう」という意欲よりも、「経営者の気持ちを理解すること」の方が、マネジャー、リーダーに求められていることなのかもしれない（といっても私が評価したものだが）。

　何はともあれ、「経営パートナーシップ」というのが現代のマネジャー、そしてマネジメントにとっては大きなキーワードのような気がする。

ケース31　欠品してしまった

ジャパンフーズではビーンズウォーターという商品が奇跡的なヒットとなった。しかし売れ過ぎて、モノが足りなくなり、欠品の嵐となってしまった。

　ジャパンフーズでは、従来生産計画は各工場をとりまとめている生産本部技術センター生産計画課にて作られていた。期、月、週、日単位の各製品の生産量がすべてここで決定されていた。しかし近年マーケットの需要変動は大きく、もっとフレキシブルに対応してほしいという声が社内、特に販売サイドから上がった。そこで予算のとりまとめを行っている経営企画部の下に、生産と販売の調整をするセクションとして需給調整室が創設された。ここで過去の販売状況、直近の販売トレンド、セールス現場から上がってくる需要見込み、店舗情報（特売などの催事情報）をもとに生産調整をしていくことにした。

　需給調整室には元の生産計画課および支店販売支援課のメンバーなどが集められた。これらの仕事はもちろんコンピュータを使って行うのであるが、使い慣れているエクセルでは、今ひとつスムーズにいかないという意見が出て、需給調整のための専用ソフトの導入を検討することになった。その候補としては他の多くの消費財メーカーが採用している「フォキャスティング」と「SCM－プロ」の2つが挙がった。需給調整室ではそれぞれ試供版を入手し使ってみた結果、使い勝手の良いSCM－プロを採用することとした。

　SCM－プロはまず需要が比較的安定している豆腐製品で試行された。この試行の結果10％程度の在庫削減を行うことができた。これを受けSCM－プロは徐々にすべての製品へと展開されていった。

　SCM－プロを使った需給調整の手続きは以下の通りである。調整は週単位がベースであり、最終生産量は日単位で微調整を行う。

・資材購入量……納入8週間前にSCM－プロで需要予測値を出す。予測は直

近販売量、前年同週販売量および製品ごとに決められた予測パラメータ（気温など販売に影響を与えるもの）を投入して行う。この予測値をベースに、支店の出している予実見通し（支店としてはどれくらい売れそうか）により調整して、購入量を需給調整室が決定する。

・製品生産量……各支店の販売支援課が現場のセールスマンから販売見通しおよび店舗情報を集め、3週間先の需要予測を行い、需給調整室へそのデータを送付する。需給調整室ではSCM－プロの需要予測値とこのデータのすり合わせを行い、支店販売支援課と最終調整し、生産量を決定する。

　ジャパンフーズが年初に新発売したビーンズウォーターは春に入ってから売上が急上昇していた。

　気象庁の当初の長期天気予測は「冷夏」というものであったが、フタをあけてみると6月に入ってすぐ全国各地で連日30℃を超える真夏日が続き、8月に入ると35℃を超える超真夏日が連続した。これが飲料需要を大きく刺激した。

　8月に入ってビーンズウォーターは店舗での欠品が目立ち始め、流通業からクレームが殺到した。ジャパンフーズでは納入条件が厳しいコンビニでの欠品を避けるべく、他店舗納入予定の製品も回して納品した。当然のこととして他の小売店舗では欠品の嵐となり、特に大都市マーケットでの欠品は見るも無残なものであった。

　ジャパンフーズ内ではこれらの店舗の担当セールスマンから不満が爆発した。今まで飲料製品はどうやってもカテゴリーリーダーの座が取れず、苦労してついにビーンズウォーターの大ヒットにこぎつけたセールスマンたちにとって、欠品はどうしても許せない事態だった。異常気象はその後も続き、9月いっぱいまで現場は混乱したが、その後需要が安定した。

　セールスマンの怒りの矛先は需給調整室に向かい、工場、セールス、需給調整室が集まったマネジャー会議では厳しい声が飛びかった。

　「冗談じゃない。お願いして店舗に商品陳列してもらったり、セールスマンは

店頭に立ってまでがんばって、やっとの思いでフェイス[*1]を確保したら、『欠品です』じゃあ泣くに泣けない。だいたい現場を知らない需給調整室なんかが生産量を決めるからいけないんだ」

「しかしこんな夏が来るなんて気象庁でも直前まで予測してなかったでしょう。7月の時点でさえ、『8月に入ると猛暑も落ち着く』なんて言ってたんだから…」

「他メーカーも欠品したのならまだ許せるけど、『うちだけ』っていうのは…。何かうちに構造的な問題があるんじゃないの」

「SCM－プロでいくつかのパラメータを使い予測し、しかも支店からの情報を組み込んで調整しているんです。そもそも原材料調達から考えると8週間くらいのリードタイム[*2]があるんです。『状況が変わったから、明日はもっと製品をよこせ』と言われたって、しょせん無理なんです」

「SCM－プロがいけないんじゃないの。もっと当たるやつに変えろよ」

「だいたいSCM－プロなんて入れたからいけないんじゃないの。コンピュータなんかよりもっと賢い人間が真剣に予測し、はずしたらきちんと責任をとるくらいの覚悟でやってくれないと。『コンピュータの予測です』じゃ無責任だ」

課題　あなたはこの状況でどう対応すべきと考えますか？

A：SCM－プロを別のソフトに変えることを検討する

B：SCM－プロをやめて、セールス現場で人間が8週間先の需要見込みを立て、それをベースに生産する

C：なぜ欠品したかを第三者に分析させ、需給調整室、セールス、資材、工場の中のどの部門に責任があったかを明確にする

D：もし気象庁の予測通りの気温だったとしたら、どの程度の需要になったのかを需給調整室とセールスサイドが話し合う

[*1] 店舗においてその商品が何個見えるかということ。　[*2] やろうと決めてから終わるまでの時間。この場合は原材料を調達してから8週間後に製品ができるということ。

ケース31の得点
A：0点　B：2点　C：1点　D：10点

解説

　予測マネジメントは74ページでも述べたが、これからのマネジャーにとって大きなテーマである。この予測マネジメントでは「見込みちがい」というトラブルが頻繁に発生する。この予測マネジメント、予測トラブルの典型的な例が、ケースにある"在庫"（将来売れる量を予測して作っておく、買っておく）である。

　ここでまず在庫の基本的考え方を整理してみよう。やはり74ページで述べたように、明日を予測するには、（明日に近い、明日と同じ傾向を持つであろう）過去のデータを使うしかない。まずもっともわかりやすい例で考えてみよう。ある店舗のある商品は毎日仕入れ、その日に売れ残った商品は廃棄していく。この商品が過去1日当たり8個、11個、9個、12個と売れていると、平均10個売れていることになる。ここで在庫量を平均の10個とすると、2日に1回（11個と12個売れる日）は欠品というトラブルが発生してしまう。しかし絶対に欠品しない在庫なんて考えられない（明日突然100個欲しいという客が来店する可能性だってないこともない）。そこで需要を次のような左右対称のカーブ（正規分析）で考えてみる（これから先、数学の苦手な人はさらっと読み、基本的な考え方だけを理解してほしい）。

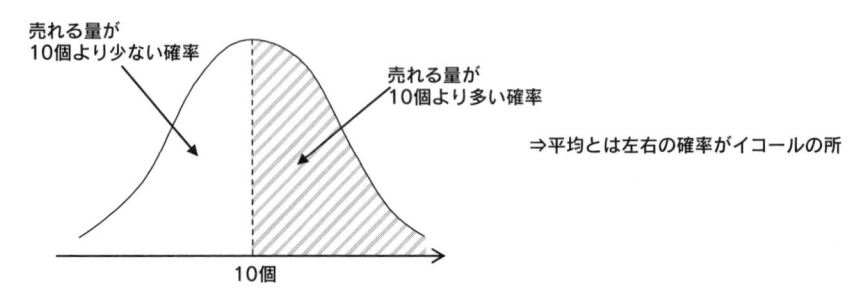

売れる量が10個より少ない確率

売れる量が10個より多い確率

⇒平均とは左右の確率がイコールの所

10個

欠品というトラブルが完全に防止できないのだから、欠品をどこまで許すかを考えるしかない。許す欠品率を10%とすると（10日に1回欠品。この場合現実の世界では、「まあ欠品は起きることはあまりない」くらいの感じになる）、図のように"少し多めの在庫量"が必要となる。これを安全在庫という。

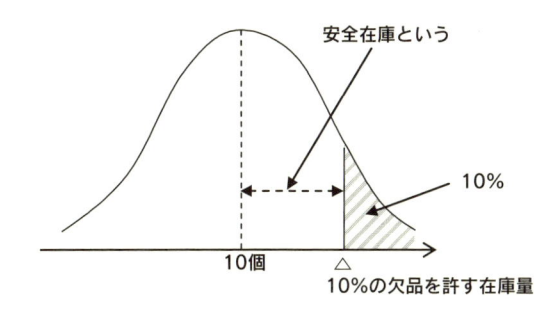

　この安全在庫は標準偏差（平均から平均してどれくらい離れているか。バラツキの大きさ）×安全係数（欠品率によって決まる。10%なら1.28）で計算される。もちろんこれはコンピュータで計算する。

　しかしここまでは過去（8個、11個、9個、12個と売れた日）と明日がまるっきり同じ状況だと考えている。しかし商品によっては気温が25℃の日と35℃の日を同じ状況と考えるわけにはいかないものもある。かといって過去に35℃の日なんてない。そこで気温と売れ行きの関係を過去のデータで分析して、この平均10個を気温によって合理的に（コンピュータなどで）調整し、そのうえで安全在庫を考慮する。この気温のことを予測パラメータという。要するに昨日までの「売れ行きデータ」と「売れ行きに関係がありそうなデータ」（気温）を使って、「昨日までと同じ傾向なら、明日の売れ行きはどうなるかを予測する」ということだ。この考え方（式ではなく）を数学の苦手な人もわかってほしい。

　ケースにあるSCM－プロは、この考え方を使って"予測値"を合理的に出している。この"予測値"を人間が使わない手はない。もちろんそのまま使うのではなく、店舗情報（特売など）や顧客のトレンド（ビーンズウォーターが

最近受けている）を考慮するが、それでも"予測値"は使うはずである。
　そういう目でケースを見てみよう。
　欠品の原因はAの意見のような「ソフトウェアの精度」ではないと思う。予測の手法はそのソフトウェアによって異なるものではなく、人類の知恵の結集である。したがってどんな予測ソフトも構造は同じで、少しインターフェース（つまり使い勝手。データの入れ方、グラフの出し方…）がちがうだけである。だからソフトを変更しても何の解決策にもならないはずである。
　Bの意見のように予測値を一切使わないというのは、いくら何でも乱暴である。しかもセールスサイドで生産量をすべて決めれば、何とか欠品がなくなるように考える。つまりたくさん作って在庫を増やせばよい。そうなれば今度は売れ残りによる在庫ロスのリスクが高まる。
　Cの意見の中核にある「責任者を探す」というのは現実の世界ではよく見られる。しかし冷静に考えてほしい。犯人、責任者を見つけてどうするかである。その人がよく反省しても、次に"同じ過ち"（そもそも欠品が過ちかどうかも疑問である。もっと多めに予測していれば売れ残りの確率が高くなったはずである）が繰り返されないという保証はなく、何の道も開けない。
　ここではDの意見のようにPDCAのCHECK、ACTIONを行うことである。それがマネジメントである。ここで気温を予測するのは、やはりプロとしての気象庁の仕事だろう。（気象庁もプロとしてCHECK、ACTIONを行っているはずである。）この企業のCHECKポイントは、果たして予測値と実績値の差は「気温のブレ」だけが要因だったのかということである。他に要因があるのか、例えば店舗での催事、マスコミで取り上げられた…。そして昨日の欠品の反省、責任の押しつけあいより、これからどうやって予測精度を高めていくか（具体的には予測パラメータの設定などをどうしていくのか：ACTION）ということを考えるのがマネジャーの仕事だろう。

シーン7

組織の一員として行動する

ケース32　となりの部門が協力してくれない

東総電はいつの間にか組織がそれぞれの目的を持ち、他部門には協力しないようになっていた。でもどうすれば協力するのだろうか…。

　東総電は完全独立採算の事業部制をとっており、かつ人数も多いことからオフィスは分散している。東京地区だけでも20ヵ所のオフィスを借りている。そのため組織が硬直化し、縦割りの大企業病にかかっているとの声が経営サイドから上がっていた。
　そこで新任マネジャー研修で部門間コミュニケーションをテーマとしたディスカッションをやってみた。
「部門間の壁を感じるよね。これだけ事業が増えると、となりが何をやってるかなんてちっともわからない。特に地理的に離れている部門なんて別会社のようだ。うちはまるで中小企業の集まりのようになって、これだけ大きい会社なのに規模の利益がちっとも得られない感じがする」
「私はセールスなんだけれど、例えば私の部門の一番大事な顧客から『新聞に載っていたおたくの製品、今のシステムに組み込むと結構おもしろいんじゃないの』なんて言われて、その製品の部門と協力して提案したいと思うでしょ。でもそんな提案してもその部門にとっては"ほんの小さな売上"にしかならないと、『そんな会社へいちいち行ってられるか』なんて、そこのマネジャーに言われちゃうんだよね。そりゃあその製品が1つか2つ売れてもその部門はうれしくないだろうけど、うちの部門にとっちゃ大切なお客さんなんだよね。東総電全体のことを考えて、そんな時は一緒に行ってほしいよね」
「うちの工場の若いメンバーも『他工場の人がちっとも協力してくれない』って言ってるよ。彼らにはGive&Takeなんだから、常にアンテナを高く張って、まずは自分から協力して、あっちこっちに"貸し"を作っておけ。それが自分

の財産になるぞって言ってるんだ」

「私も若い人に同期なんかと、もっと仲良くしなさいって言っています。新人から2年くらいは仲良く同期会をやってるけど、次第に疎遠になっちゃうんですよね。『ちがう部門の人と飲みにでも行って、アクセスポイントをたくさん作っておきなさい。そこから次々とネットワークが広がっていくでしょう』と言っているんですが、今時の若い人はネットワークを作ることが下手ですね」

「会社も階層別に人を集めて、情報交換の場をどんどん作っていくべきだろう」

「それって人間は同じ会社で働いていても"仲良し"には協力し、"見知らぬ人"には冷たいってことか。そうじゃないだろう。会社全体として考えて、協力した方がいいことは協力すべきだろう。ただそうなると事業部を超えたものは経営の意思決定になっちゃうから、きちんとルールを決めるしかないだろうな。例えば原価対象のエンジニアが、他部門に協力したら"外より少し高めのレート"で1人日いくらでその部門に費用振り替えするとか、営業なら受注できたら協力部門にもリターンがあるようにするとか…」

「でも会社だろう。同志だろう。やっぱり気持ちよくやりたいよね。ルールだから協力するより、気持ちよく『よしやろう』って言いたいよね。やっぱり"協力する"というのは仕事を割り振るマネジャーの本来のミッションだろう。各マネジャーが協力すると約束すればいいと思うけど」

「いや社長から言ってもらう方がいいよ。『わが社は"和"が大切』といった形でトップの意思を見せることだろう」

課題 あなたが東総電のマネジャーならどの意見に賛成しますか？

A：入社年次など階層別に集めた情報交換会を定期的に開催する
B：各部門のマネジャーがもっと積極的に他部門に協力することを誓う
C：部門間の協力ルールをはっきりさせる
D：社長が方針として「協力」を打ち出し、社内に協力ムードを作り上げる

ケース32の得点
A：3点　B：2点　C：10点　D：2点

解説

　企業は成長して大きくなるにつれ、組織は階層化していく。社長－部長－課長とフラットだった階層が、末端の人数の増加に伴い事業部長－本部長－部長－課長－係長とピラミッド的になる。そうなると決裁のための"ハンコ"が数多く必要になり、意思決定のスピードが遅れ、環境変化についていけなくなる。これがよくいわれる大企業病だ。この病気を治療する方法として、これまで何度も述べてきた権限委譲という手段が用いられる。ケースの東総電のように事業部内での意思決定を可能にすることでスピードを上げる。そのために、各部門がそれぞれ部門としての目標を持ち、その目標達成によって評価されていく。これが自然な姿であり、権限委譲を否定することなどできない。

　しかしそうなると各部門が自部門の目標達成を優先しすぎて、会社全体としてはその部門がやれば業績が上がっていくことが期待できることでも、その部門の業績を落としてしまうものは当然のこととして拒否するようになる。これをつきつめると役所のように（失礼！）完全な縦割りとなり、国益（企業でいえば会社全体の利益）よりも、省益（企業でいえば事業部利益）、そして部益、課益だけを考えるようになる。

　こういったことは本来ならこの部門を超えた責任者が意思決定すべきことである。A部門とB部門の協力であれば、これをやるかやらないかはA部門長とB部門長の共通の上司の判断である。しかしそう考えると事業部を超えた協力の意思決定者は社長となってしまい、何のために事業部制としたかわからず、あまり現実的ではない。東総電でいえばネットワーク事業部営業部の担当山田が、ソリューション事業部のSE佐藤の協力を得たいのなら、この協力をやるべきかを社長に判断してもらうというものであり、そんなことはできない。

ではこれをどうやって解決するかである。

この2人の協力についてケースの意見で考えてみよう。

Aの意見は日頃から人間関係を良くして解決しようという案である。しかし山田と佐藤が同期で"仲良し"なら、佐藤は上司がNOと言っても、あるいは上司への相談なしに、友情で山田へ協力してやるべきだろうか。これで組織といえるだろうか。

ではBの意見のように、2人の上司のマネジャーの問題だろうか。「協力を誓う」といっても、仕事はプライオリティの問題である。佐藤のマネジャーが自部門の仕事を止めてまでも、佐藤に「他部門の仕事に協力しろ」と本当に言えるだろうか。その実行を担保できるだろうか。どう考えても現実的ではない。

Dの意見は単なる精神論である。協力はマインドだけで決まるものではない。組織において協力することが"善"で、協力しないことが"悪"とは必ずしもいえない。ましてやいかなる場合でも"社長方針"で、「自部門の仕事より他部門の協力を優先しろ」などと決められるはずもない。

そう考えると特にこのケースの東総電のように巨大企業になってしまった会社では、協力に関する合理的ルールを決めるしかないだろう。つまりCの意見である。ここでの協力可否のルールは、その状況を何らかの"数字"で示し、その数字にもとづいて「協力する、しない」が自動的に決まったり、協力することで"した方"にもリターンが生まれるというマネジメントシステムであろう。そしてその"数字"の単位は「円」にならざるを得ない。状況をカネに換算してROIを計算して「一定以上なら協力する」というルールを作り、R（リターン）を協力した方にもI（かかったカネ）の分だけ配分していくしかない。

そしてこのルールを円滑に進めていくものとして、A、B、Dの「人間関係」があると思う。ルールを決めて、そのうえでこのルールの遂行を担保するために、きっと問題になるであろう人間関係を何らかの形（階層別に集める、マネジャーに主旨を理解させる、社長が宣言…）で補っていくべきである。

ケース33　マネジャーの知識

社長はマネジャーが自部門のことしか知らないことを嘆いている。
マネジャーが幅広い知識を身につけるための方策を考えろと言われた。

　ジャパンフーズ人事部長の田中は、次期中期経営計画策定に向けて、社長から長期的な人事戦略の案を考えるように言われた。社長ははっきり物を言うタイプであり、田中に次のように指示した。
「単刀直入に言って、うちは専門バカが多すぎる。営業は営業のことしかわからんし、工場は工場のことにしか興味を示さない。経理はカネの計算だけやって現場の仕事など考えもしない。まあプレイヤーの時代はその仕事の専門性を高めていくことが大切だと思う。しかしマネジャーになっても専門バカじゃ困る。この間工場に行った時、技術課長と話していて、『うちがコンビニなんかでフェイスを確保していくには、結構商品パッケージの幅が狭いことなんかが大きな要素となる。一方量販店なんかではパッケージの幅を広げると、よく目立って消費者に認知されやすい。そんなこんなでマーケティング部門は最近パッケージサイズにも着目している。技術面から見て同じ商品アイテムで幅を変えたものを何パターンも作っていくと生産計画上、製品原価上どういう影響を受けるかを考えてみてくれ』なんて話をすると、『フェイスって何ですか』と来た。まいったよ。いつの間にうちはこんな風になっちゃったんだ。これじゃあ営業が工場へ提案や相談しても言葉が通じないだろうし、まあ営業も工場のことがわからんからそもそも何を提案していいかわからんだろうなあ。これを変えていくのが人事戦略というより、人材戦略だ」
　ジャパンフーズでは原則としてセールスマン、エンジニアなどの職種別の採用をしており、部長以上にならない限り、"工場から営業へ"といった異動はない。セールスマンからマーケティング部門へ、生産ラインから本社技術スタ

ッフといったケースを除けば、ほとんどの人はマネジャーまではその部門でキャリアアップしていく。

田中は思った。「なかなか難しいことだなあ。まさか若いうちから全員部門を超えてどんどんローテーションをやるわけにはいかないし。"ローテーションするエリート"と"それ以外の人"に分けていくのも1つの案か。昔よくいっていた総合職と一般職だ。マネジャーになる予定の人は、いくつかの部門を経験させるようにすべきなのかなあ。役所のキャリア[*1]、ノンキャリア[*1]的な発想か。それとも各部門のマネジャーを集めてセミナーをやろうか。外部から講師を呼んで一流企業のマネジャーとして恥ずかしくないレベルにまで知識を底上げしていくか。もっとこれをはっきりさせて、幅広い知識がない人はマネジャーにはなれないとするか。そういうルールにしてマネジャー予備軍の自己啓発に期待するか。そうかマネジャーに昇格させる時、一部の人はちがう部門から持って来るっていう手もあるなあ…」

課題　あなたが田中人事部長ならどんな人材戦略を提案しますか？

A：「プレイヤーを総合職と一般職に分け、総合職のみをマネジャーに登用する。総合職は定期的にローテーションを入れ、さまざまな部署を経験させる」

B：「各部門のマネジャーを集めて、マネジャー教育を実施する。そこでマネジャーとして必要な幅広い知識を教え、そのうえで部門を超えたディスカッションをしてトレーニングする」

C：「一定の知識を持つことをマネジャー昇格の条件とする。そのうえでマネジャー試験を行う。試験はペーパーテスト、レポートおよび面接による質疑応答とする。現マネジャーもこれに準じて行う」

D：「マネジャーを部門内だけでなく、他部門からも選ぶようにする」

[*1] 国家公務員Ⅰ種試験に合格して採用された人をキャリア、それ以外の国家公務員をノンキャリアという。出世のスピードが全くちがう。

ケース33の得点
A：4点　B：4点　C：10点　D：1点

解説

マネジャーにとって必要な知識は、下のT字型のようなものだろう。

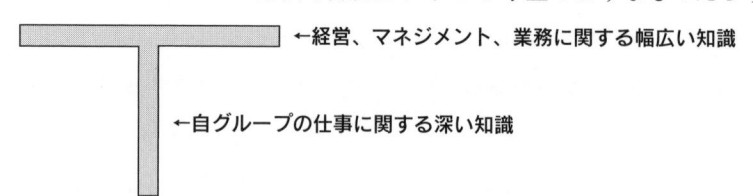

←経営、マネジメント、業務に関する幅広い知識

←自グループの仕事に関する深い知識

T字の「横の棒」の部分は、マネジャーが次のようなポジションだと考えた時それが必要条件となる。

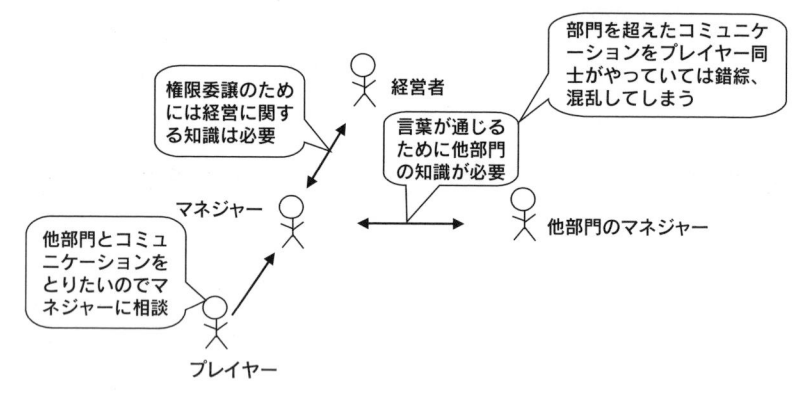

- 権限委譲のためには経営に関する知識は必要（マネジャー→経営者）
- 言葉が通じるために他部門の知識が必要（マネジャー↔他部門のマネジャー）
- 部門を超えたコミュニケーションをプレイヤー同士がやっていては錯綜、混乱してしまう
- 他部門とコミュニケーションをとりたいのでマネジャーに相談（プレイヤー→マネジャー）

T字の「たての棒」は、マネジャーがそのグループでのトッププレイヤーであることを要求するものである。これは意見の分かれるところだが、少なくともロワーマネジメント（プレイヤーをとりまとめる）には必要だと思う。マネジャーの指揮・命令においてはプレイヤーの合意が必要である。しかしプレイヤーが渋々言うことを聞くのではなかなかうまくいかない。プレイヤーがマネジャーに合意する時「マネジャーの言う通りにしていればきっと幸せがある」という期待感が求められる。つまりプレイヤーよりもマネジャーの方が「その

グループの仕事」ができることが望まれる。またマネジャーがプレイヤーに仕事を教える局面も多い。この時、その仕事を"できる"だけではなく、その意味を説明するために、その仕事の理論的バックボーンとしての知識が必要である。

たて棒はプレイヤーとして仕事をすることで自然に得られるものも多く、一度これを整理・体系化することで問題なく身につけることができる。しかし横棒は仕事をしても、トッププレイヤーになっても、自然に得られるものではない。つまり仕事を止めてマネジャーが「得よう」と思って身につけるしかない。

こういう目でケースを見てみよう。

A案であるが、これではマネジャーがT字の横棒だけであり、プレイヤーを束ねるマネジャーとしては物足りなさを感じさせる。ただしマネジャーをマネジメント専門職と考えれば、それほどの"悪手"とはいえない。

B案はこういう教育で、果たして知識が得られるかである。マネジャー自身が「この知識を得よう」という気持ちを持たない限り難しい。幅広い知識がマネジャーにとって必要なことを、セミナーで理解させる目的ならよいと思う。

C案はその「気持ちを持たせる」という面で優れている。横棒の知識を得るタイミングは、マネジャーになる前で、「なるための条件」という位置づけで、すなわち「マネジャーになりたいなら身につけろ」という形がベストだと思う。こうして"新しくなったマネジャー"を見せて、旧マネジャーにも「知識を得なければ彼らについていけない」という危機感を持たせたい。

D案のようにマネジャーになってからOJTで徐々に横棒を作っていくというのは少し無理があるし、たて棒を考えてもあまり合理的ではない。

マネジャーになろうという人、マネジャーになっている人は、自社が今C案の条件になっていなくても、この方向に向かっていくと考えるべきである。「マネジャーになりたい」、「マネジャーでいたい」（経営者にキャリアアップしたいならむろんのこと）なら早く横棒の知識を身につけることだ。横棒の知識をまとめたものが拙著「ナレッジシリーズ」（同友館）である。参考に。

> ちょっとひとやすみ

マネジャーに関する素朴な疑問

Q1　どうすればマネジャーになれるんですか

A1　"マネジャーになるための条件"を自分の会社の人事部にきちんと聞きましょう。答えてくれたら、それが仮に今のマネジャーの実像と合っていなくても、いずれはそういう人がマネジャーになるんだと信じ、その条件を満たすよう努力しましょう。人事部が「総合的に判断して」などとお茶を濁したら、「マネジャーになろう」という気持ちは捨てて、成り行きにまかせましょう。それでもどうしてもすぐにマネジャーになりたいのなら、そんな会社は見切って転職の面接に行き、同じ質問をしましょう。そしてそこできちんとマネジャーになる条件を答えてくれた会社に入りましょう。

Q2　良いマネジャーとはどういうマネジャーなのでしょうか

A2　あなたがメンバーなら、あなたがその人の下で働きたいと思っている人が"良いマネジャー"です。あなたがマネジャーならメンバーから"人気のあるマネジャー"の特徴をつかみましょう。

Q3　どうしてこんな人がマネジャーになったんだろうと思うのですが…

A3　なぜその人がマネジャーになったかなんて、考えても意味がないからやめましょう。あなたの上司が、部下から見てどうしても許せないマネジャーなら、早目に転職するか、早くその人の下から抜けられるように自分もマネジャーになりましょう。その時、決して今のマネジャー像を追いかけるのではなく、(以降Q1A1、Q2A2と同じなので省略)

Q4　どうしてたいして働いてもいないのに、マネジャーというだけで給与が高いのですか

A4　それはマネジャーの給与が高いというルールだからです。このルールを変えるには早くあなたがマネジャーになって、経営者に「われわれマネジャーの給与は高すぎる。もっと下げろ」と声高に言いましょう。それまでは、あまり人の給与のことをとやかく言わない方が早くマネジャーになれると思うし、あなたの給与も自然に上がっていくでしょう。

ケース34　情報を共有する

東総電ではソリューション事例を共有化することになった。
はたして皆が入れてくれるだろうか。入れても内容がわかるだろうか。

　東総電の経営陣はソリューションビジネスへの進出が、他社に比べ後手に回ったことを後悔していた。ソリューションビジネスは、製品販売のようにマーケットの最大公約数的ニーズから製品を開発し、プロモーションをかけていくという、いわゆる"マスビジネス"とは異なっている。個々の顧客の課題（ニーズ）をインタビューなどでとらえ、それを解決していく案を個々に考えていくという、まさに"個のビジネス"である。

　ソリューションビジネスには製品販売のような規模の利益（同じものをたくさん作ることで安くできる）ではなく、範囲の利益（いろいろなニーズを解決することで、顧客のニーズに対してさまざまな解決のアイデアが生まれてくる）が働く。つまりソリューションの事例を企業として数多く持っていることが「企業のソリューション力」となる。

　このようなことを社長が経営会議で話したところ、システム開発事業の担当執行役員から次のような発言が出た。
「少し誤解があるようなんですが…。うちがやってきたシステム開発事業の半分くらいは、すでにソリューションビジネスと呼んでもおかしくないような物件です。"ちょっとセンスのいい"セールスとSEが組み合わさると、顧客が何を作りたいかを考える前からアプローチして、どんなシステムにしたらいいかをこちらから提案して、とやっています。ハードをうまく組み合わせて、うちの事業部でSI[*1]として受けた物件だって結構あります。ただこの提案という仕事ではカネをもらえず、完成したシステムを販売するという形をとってきただけです。こういった事例を社内で集めれば結構な量になると思います。も

ちろん顧客から言われるがままに、大手コンピュータメーカーやネットワークベンダーなんかの下請としてソフトウェアを開発する仕事もありますけど」
　次に発言したのがネットワーク事業の担当執行役員だった。
「うちの事業部だってありますよ。通信キャリアのネットワークを右から左に、商社のように"売る"なんてビジネスはありませんよ。それならキャリアが直接売るでしょう。顧客のニーズを聞いて提案書をちゃんと作って売るというのが普通で、場合によってはこっちから仕掛けて顧客のニーズを掘り起こしたりすることもありますよ」
　この発言を機に、各事業の担当執行役員から同じような発言が相次いだ。
　ソリューション事業の担当執行役員が最後に発言した。
「そこまでうちに財産があるなら、この事例を共有化していく必要があるでしょう。うちから責任者を出しますので、各事業部門から現場をよく知っているマネジャークラスをメンバーとして出してもらって、プロジェクトチームを作らせてください。そこでどうやって共有化するかを検討させてもらえませんか」
　この会議の流れを読み取った社長の決断で、ソリューション事例共有化プロジェクトが作られた。
　東総電ソリューションズ営業推進部の村田は、このプロジェクトのリーダーに任命された。プロジェクトの専任は村田と東総電グループの情報システムを担当している者だけで、それ以外は東総電各事業部、および東総電ソリューションズのマネジャーが現業を持ちながらの参加となった。第1回の会議はとりあえずフリーディスカッションとした。
「社長が『やる』といったんだから、やるんしかないだろう。そうなると事例共有化のためのデータベースを作るんだろうな」
　事例共有データベースを作ることはすぐに合意された。
「あまり昔の事例やつまらない事例を入れてもしょうがない。それにただ単にサーバーの共有ファイルを作ってそこに入れろと言ったって入れないぞ。仮に

入れたとしても意味がわからないんじゃないか。だから事例の中から誰かが審査して"おすすめソリューション集"にして、そのうえで優秀事例には賞金でも出して表彰し、年に1回くらい発表会やって、皆で説明を聞こうよ」
「入れただけじゃわからないっていう意見には賛成だが、役立つ事例は人によってちがう。すべての事例について入れた人は疑問に答えるべきだろう」
「事例データベースには作成担当者のメールアドレスを入れておいて、内容に関してわからないところは問い合わせするルールにしたらどうだ」
「でもちゃんと事例を入れて、そのうえ質問に答えてくれるかなあ。メルアドなんか入れると、問い合わせが来ることが予想できるから、かえって情報を入れなくなるんじゃないの。みんな忙しいしなあ」
「各マネジャーに対してマネジャー会議で、社長からはっきり『入れるようにしなさい』って言ってもらうのがいいと思う」
「それより事例を入れた人にリターンがあるようにすべきじゃない」
「入れるだけじゃ"なん"だから、誰かが入れた事例が自分の仕事に使えたら、使った人がそこへ評価を入れるというのはどうだ。例のお店の評価の3つ星みたいな感覚で。それでその評価を"入れた人"の人事評価に使ったらどうだ」
「人事評価まではやりすぎじゃないの」

課題 あなたが村田さんならどの案を中心にまとめますか？

- **A**：おすすめ集を作って優秀者を表彰し、発表会で皆に説明させる
- **B**：データベースに作成者のメールアドレスを付けて、作成者が問い合わせに対応するルールにする
- **C**：データベースの入力・対応を、社長からマネジャーを通して徹底させる
- **D**：データベースを利用者が評価し、その評価結果を作成者の人事評価にも反映させる

＊1. システムインテグレーション。ITの総合サービスのようなもの。

ケース34の得点
A：1点　B：3点　C：2点　D：10点

解説

　情報の共有化は、特に大企業にとっては極めて切実なテーマといえる。大企業ではどうしても目標管理などによって個人の役割をはっきりさせることとなり、いつの間にか164ページで述べた"部門閉鎖性"のみならず、本当に"個"の集まりになってしまう。自分が持っている情報が仲間にとって極めて有効なものでも、自らのパワーを使ってまで相手に渡すことがなくなる。

　情報共有化は"企業"という組織全体として見ると、「その情報を相手に渡すパワー」と「受け取った相手が得られるリターン」を秤にかけ、前者が重いと"やらない"、後者が重ければ"やる"と意思決定すべき性質のものである。

　そうはいっても、どんな情報を持っているかは本人にしかわからず、それによって得られるリターンも受け取る人にしかわからない。つまり誰も秤にかけられない。渡すことをルール化しようとしても、渡す方はハイコスト・ノーリターン（情報を渡すパワーがかかり、渡してもその人には幸せがない）、受け取る方はノーコスト・ハイリターンである。会社のためなんだからボランティア的に、あるいはGive&Takeなんだから情報を渡す努力をしろと言って、うまく組織がそちらへ進んでいくなら、マネジメントはいらない。ここはマネジメントによる強いコントロールが求められる分野である。

　マネジメントの原点は個をつなぎ、特定のベクトルを作ることによって組織としてのシナジーを生むことにある。そして精神面に頼りすぎず（がんばろう、モチベーションを持とう）、"システム"としてこれを実現していくことを考える。精神面はこのシステムをスムーズに運用する潤滑剤のようなものである。

　システムとは「複数の要素から成り、共通の利益や計画に使う複合体」と定義され、そうでないものはカオスと呼ばれる。カオスをシステムにすることを

システム化といい、これがマネジメントの原点である。個々のメンバーの利益ではなく、組織としての"共通の利益"を求める"計画"を作るものである。

ケースの例で考えてみよう。組織の共通の利益として「事例共有データベースを作る」と意思決定したのなら、当然のことながら「情報を入れる」というのは、「情報を持っている人」の"仕事"である。もしやらなければ義務違反であり、無断欠勤のようにペナルティを負うべきものである。

「この情報を入れる」という仕事を実行（DO）するのはプレイヤーの義務であるが、これを計画し（PLAN）、評価（SEE）するのがマネジメントであり、マネジャーの本業である。だからC案のようにあえて社長から徹底するまでもない。ケースのディスカッションでも上がっているように、ここでのマネジメントにおいて大切なことは、計画（どうやって入れるか）よりも評価（入れたことをどうやって評価するか）にある。この評価を誰がやるかといえば本来は「入れた人の直属の上司」の"マネジャー"である。しかしこのマネジャーは"入れたかどうか"はチェックできるが、それが「良い入れ方かどうか」という評価はできない。そう考えればわかる通り、「データを入れる」という仕事を評価できるのはこのデータベースを使う人である。この人たちの評価によって"入れた人"はリターン（人事評価に伴う給与分配など）を得るべきである。つまりD案の「他人が使えそうなデータを"入れるべき人"が入れて、"使えれば"、入れた人にリターンがあるマネジメントシステム」が適切だと思う。

B案のようにメールアドレスを付けるのは当然のこととしても、"入れる人"はむしろこの問い合わせをできるだけなくして、このデータベースを見れば利用者がスムーズにわかるように努力すべきである。"入れる人"が仕事と思えば、そして評価されると思えばこう考えるはずである。

A案の問題点は「おすすめ」、「優秀」である。上で述べたように「何が使えるのか」は、他人ではなく"使う本人"が判断することだと思う。そして123ページで述べたように失敗（優秀ではない事例）も当然有効な情報である。

ケース35　スタッフの上司は誰か

営業所の販売支援スタッフはいろいろな人から仕事を頼まれる。
いったい、どの仕事から先にやっていいのかが悩みのタネである。

　ジャパンフーズのセールス部門のライン組織としては、営業本部の下に地域ブロックごとの支店長がおり、その下に営業所長、セールスマンとなっている。一方セールスには「売る」という本来業務以外に、販売データのコンピュータへのインプット、在庫チェック、出荷指示の確認、請求・回収といったさまざまな仕事があり、これを販売支援スタッフが行っている。

　このスタッフ組織はやや複雑である。本社営業本部の中に支店と並列する部門として販売支援部があり、ここで全国の販売支援スタッフのとりまとめを行う。販売支援スタッフの人事権も基本的にはここにある。さらに支店の中に販売支援課があり、課長がいる。各営業所には販売支援スタッフがいるが、そこにはリーダーはおらず、組織上は営業所長が彼らの上司である。組織図で表すと次のようなもので、販売支援スタッフはマネジャー以外は全員女性である。

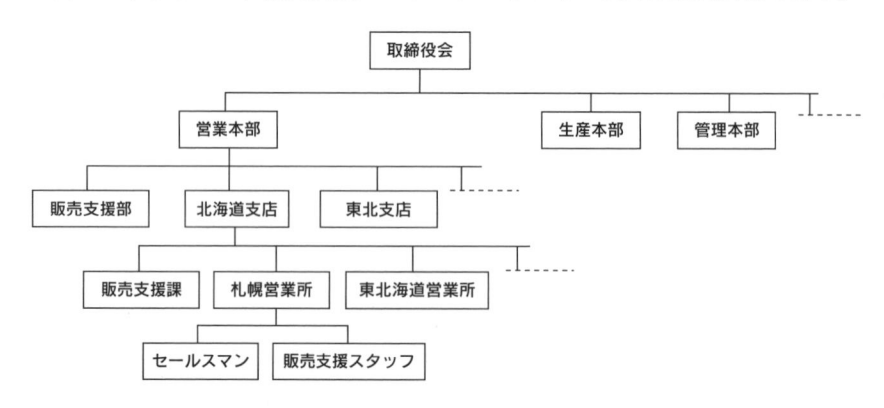

```
                    取締役会
          ┌───────────┼──────────┬──────────┐
        営業本部                生産本部    管理本部
   ┌──────┼──────┐
 販売支援部  北海道支店  東北支店
         ┌────┼────┐
       販売支援課 札幌営業所 東北海道営業所
              ┌───┴───┐
          セールスマン  販売支援スタッフ
```

　従来、販売支援スタッフはすべてジャパンフーズの社員であったが、近年では派遣社員を一部受け入れている。

販売支援部は毎月1回、支店にいる全販売支援課長を集めて会議を開いている。そこで次のような話題が上がった。

「最近、派遣社員の交代が多くて困る。スタッフの仕事を覚えたと思ったら、もう交代だもん。派遣会社もひどいよなあ」

「うちもそうです。彼女たちに話を聞いてみると、誰が上司かわかんないというのが多いようです。これは派遣社員に限らずいえることです。販売支援スタッフの職場懇談会なんかを開くと、必ず出ます。セールスマンが直接スタッフに仕事を依頼したり、営業所長がちがうことを指示したり、あるいは販売支援グループの中の先輩社員が後輩社員や派遣社員の仕事の分担を決めたりって感じで、完全に混乱しています。われわれ支店の販売支援課が直接営業所のスタッフに指示なんか出すと、そこの営業所長がすごくいやがるんですよ」

「うちの支店なんか、小さい営業所では販売支援スタッフ2人というところもあるけど、それでも状況は同じだよ」

「まず販売支援スタッフの上司は誰かをはっきりさせるべきじゃないの。それを人事にきちんとオーソライズさせようよ」

課題 あなたは販売支援スタッフの上司をどのようにすべきだと思いますか？

A：営業所で働くメンバーなんだから営業所長が上司

B：営業所長、セールスマンの指示で働いているのではなく、サポートをしているのだから、彼らとスタッフの共通の上司である支店長とする

C：営業所の販売支援グループのマネジャーを決め、そのグループマネジャーの上司を営業所長とする

D：営業所の販売支援グループのマネジャーを決め、そのグループマネジャーの上司を販売支援課長とする

ケース35の得点
A：3点　B：1点　C：5点　D：10点

解説

　マネジメントにおける権限委譲において、そのベースとなるのは命令一元性の原則である。いわゆるワンマン・ワンボス（組織メンバーの上司は必ず1人）を求め、指揮・命令系統をはっきりさせることである。これに基づいて作られたものがライン組織だ。指揮・命令という権限の委譲によって、上から下に向かって組織が"枝分かれ"していく。ケースのセールスマンの組織がこれである。多くの場合その"枝分かれ"は仕事を何らかの基準で分担する形で（ケースの場合エリア別）なされていく。しかし会社の規模が大きくなってくると、組織の各人の仕事に重複している業務があることに気づく。ケースの例では販売データのインプット、在庫チェック…といったものである。これを各人がやるより、集中して専門化して行った方が効率的ということでスタッフが生まれる。こうして多くの企業は"組織の原型"ともいえるライン＆スタッフ組織となる。

　このスタッフ組織は命令一元性の原則から生まれる単純なライン組織とは異なり、いくつかの複雑な難問を抱える。その第一が何といっても指揮・命令権、すなわち「誰が上司か」というテーマである。近年派遣社員が増えてきたこともあり、ますますクローズアップされているテーマである。

　ケースの販売支援スタッフは営業所長、セールスマン、販売支援課、スタッフの先輩から指揮・命令を受けて仕事をしている。これでは仕事のプライオリティ付け（「どれを先にやるか」。これを決めるのが「上司の仕事」＝マネジメント）が難しいが、多くの企業では「何となく」こなしてきた。女性（なぜかスタッフに多い）の"優しさ"がこれを支えてきたともいえる。しかしこの"ひずみ"はある時はセールスマン（「何で、あの人の仕事はやるのに私のはやってくれないんだ」）、ある時は販売支援スタッフ（「どれからやっていいのかわ

からない。どれからやっても、やらなかった方から文句が出る。体は１つしかないのに」）といった形で組織の"もっとも弱い部分"に現れる。

　ケースであれば、これが派遣社員において顕著に現れている。そもそも"派遣"とは労働者派遣事業法に基づく労働スタイルである。これは「Ａ社と労働契約を結んだ従業員ａがいて、Ａ社とＢ社が派遣契約を結び、これによってａの指揮・命令権をＡ社からＢ社に移す」というものだ。つまり「指揮・命令権」というスタッフの最難題を移すもので、ここに従来の組織のひずみが集約される。そして弱い立場であり、かつ労働流動性の高い（やめて他の会社へ移ること）派遣社員によって、逆に組織において表面化する。

　こういう時はどうすれば効率的かということを考えるのではなく、マネジメントの原理・原則に従うべきである。つまり「なぜそうしたんですか？」と聞かれた時、理路整然と答えられる"手"を打つべきである。

　指揮・命令はまさに権限であり、計画によって経営者から順次"権限"が委譲される。販売支援スタッフメンバーの仕事のやり方・目標という計画を作り、実行を評価し、さらには仕事をコーチできる人は誰かと考えてみる。どう考えても販売支援スタッフの中にマネジャーを作り、この人がマネジメントを担当すべきということになる。そしてそのマネジャーへ権限委譲するのは販売支援課長が自然な流れであろう。つまりＤ案のように販売支援部長―販売支援課長―営業所内の販売支援グループマネジャー―販売支援スタッフという指揮・命令系統がマネジメントの原則に合い、かつ説明しやすいと思う。もちろん人数が少ない時はプレイヤー兼グループマネジャーや販売支援課長兼グループマネジャーでもよいと思う。セールスマン、営業所長、支店長というラインはスタッフの上司ではなく、サポートする相手と考えるべきだろう。スタッフは部長―課長―グループマネジャー―プレイヤーというすっきりした組織で、ラインへサービスを提供し、サービス度を高めること（ラインの満足度）を仕事の目標として進めていくことがマネジメントの原理・原則に合っている。

ケース36　なぜエコ運動なんてやるんだろう

トップがCSRを経営のキーワードに挙げている。そのうえで環境活動に大きなコストをかけている。いったいなぜこんなことをやるんだろう…。

　ハッピーマートでは合併から3年後、執行役員制[*1]が導入され、経営陣が刷新された。この時、会長[*2]兼CEO[*3]としてハッピーマートのトップに立った戸田は、CSR[*4]を経営のキーワードとして取り上げた。これを受け、お客様満足推進室から分離独立する形で、CSR推進室が新設された。CSR推進室では新CEOの下で、特に環境活動をその主力テーマとして取り組んでいくこととした。
　まずは次のような環境宣言をCEOが社内外に発表した。
「私たちは店舗、商品、サービスを通して、お客様に安全、安心、そして豊かな生活をお届けするとともに、地球環境を大切にし、持続可能な地球資源確保の実現に貢献します」
　そのうえで地球温暖化防止ビジョン（CO_2削減等）、社員環境行動指針、環境レポートの作成と、次々に手を打っていった。
　戸田は一段落した時点で、CSR推進室の監督役として環境担当常務取締役を作り、「エコ[*5]運動」という環境活動を全社で展開することとした。
　ハッピーマートでは合併以来、本部、店舗をまたいでマネジャーが集まり、いろいろなことをフリーディスカッションすることで社内融和に努めていた。今回のマネジャーミーティングのテーマはエコ運動であった。
　環境担当常務からこれまでの経緯説明を受け、常務が退席後本格的なディスカッションとなった。
「ちょっとブームに流されてやりすぎじゃないか。いくら何でもカネのかけすぎだろう。ISO14000[*6]があるし、この認証も取って、おかみから"お墨付き"

をもらったんだから、それで十分だろう。日頃、店舗コストを1円ずつでも落としましょうなんて言ってるんだ。メンバーに『何でこんなにカネかけるんですか』って聞かれたら、なんて答えればいいんだ」
「CSRの一環だろう。企業も社会の一員として行動しなきゃならんだろう」
「ライバル店でも皆やっているのか。やってないなら、うちだけコストアップとなって競争上不利だろう」
「いやあ逆だろう。ライバル店がやってなければ、うちにとってはイメージアップだろう。さっき常務がおっしゃっていた"環境にやさしい店"というエコマートの出店もそうだろう。早目にやればマスコミに注目されるだろう」
「いやうちだけ地球にやさしくしても、ライバルも含めて皆がやらないなら意味がないだろう。これってわれわれの子孫を守るためのものじゃないの」
「社のプライドみたいなもんだろう。ハッピーマートとして恥ずかしくない行動とろうってことじゃないの。マーケティングではなく道徳の世界だろう」

課題 あなたがハッピーマートの店長で、部下から「うちは何で環境活動に力を入れているんですか?」と聞かれたら、なんと答えますか?

A:それは企業の社会的責任だ。うちは企業として社会に対して当然やるべきことをやっているんだ

B:環境活動をやればイメージアップになるだろう。エコに賛同するお客様がうちの店に来てくれるはずだ

C:自分たちの地球は自分たちの手で守るべきだろう

D:ハッピーマートとしてのプライドみたいなもんだよ。君だってまわりの人に胸張って「私はハッピーマートに勤めています」と言いたいだろう

＊1.取締役を経営専任として、執行役員を業務執行のトップとする制度。　＊2.取締役会の長。社長よりも上に位置することがノーマル。　＊3.Chif Executive Officer。執行役員のトップ。　＊4.Corporate Social Responsibility：企業の社会的責任。　＊5.エコロジー（自然環境保護）の略。　＊6.企業の環境管理に関する規格。これを満たしていることが認証される。

ケース36の得点
A：3点　B：0点　C：5点　D：10点

解説

　証券市場という"社会"から資金を得ている上場企業にとって、PR（Public Relations：広報）は大きな経営テーマとなっている。PRとは直訳すれば「公共との関係」という意味であり、企業をとりまく地域社会、投資家、株主、従業員、顧客といったステークホルダーと良好な関係を保つために、企業は資金を自分の意思で積極的に提供していくべきという"考え方"をいう。

　PRの考え方は古くからあり、CI（Corporate Identity：企業の社会での位置づけをはっきりさせる）、メセナ（文化、芸術活動へ企業が支援する）、コーポレート・シチズンシップ（企業も市民として社会に貢献する）がブームとなったが、いつの間にかそれがマーケティング（売るための努力）となってしまう。そしてPRの努力をしてカネをかけても、マーケティングのリターンは少なく、いつの日か自然に消滅してしまう。

　今また、PRブーム、というよりも環境ブームが訪れている。過去PRがいつの間にかマーケティングになってしまったのは、「なぜやるか」という経営者の意思が、従業員に伝わっていなかったためである（経営者も訳がわからずやってしまった企業もあるが）。この過去の反省として、多くの大企業ではケースのようにPR宣言として、この理念（つまり「なぜやるのか」という説明）をPRの相手である公共に発表している。そこには「売るため」などという理由はなく、「企業として地球を守りたい」という単純明快な"希望"が書かれている。この宣言はどこから見ても他に目的はなく「企業として地球を守りたい」という希望だけである。そしてそれは従業員ではなく、社会全体へ訴えている。訴えているのは従業員の代表者としての経営者である。

　もうわかったと思う。これはミッションと同様にマネジャーであれば合意す

る（服従ではなく）ことが絶対条件である。そのためには経営者が訴えている"希望"の意味を理解することである。

多くの一流企業ではこれを"格"（integrity。今はやりの"品格"と言ってもよい）のようなものだと考えている。自分がそうでないと思ったら、マネジャーは経営サイドに確認すべきである。その時、彼らはきっとこう言うと思う。「『ゴミを道端に捨てるな』という行為は法律で禁止されていなくても、普通の人はやらない。これは『道が汚くなる』こともあるが、そんなことをすること自体が『人として恥ずかしい』という道徳の世界である。うちの"環境活動"も道徳の世界であり、この会社で働くわれわれのプライドのようなものだと考えてくれ。社会に恥ずかしくない、というよりも社会から尊敬される企業になろうじゃないか」

私はコンサルタントとして企業を外から見ていて思うことがある。この「自社へのプライド」は、「勤めた期間」と相関が高いことである。新入社員よりもマネジャー、さらにはこれから定年退職していく人の方が、明らかに自社へのプライドを持っている。これは"愛"と表現できるかもしれない。マネジャーは「"自社の従業員の代表である経営者"は自社に愛を持ち、格を求め、プライドを持っている」という仮説を持つべきである。そういう目でPRを見れば理解、合意できると思う。もっと言えば「自分が愛、プライドを持てる人だ」と思われたから、従業員からマネジャーに指名されたと考えるべきである。

ケースのAの答えでは必ず「どこまでがその責任範囲か」という質問をメンバーから受けるであろう。この答えがDだと思う。

Bは問題外である。こんな説明をメンバーにしたら、経営者がプライドを持って作った環境宣言、行動指針がすべて意味のないものになってしまう。そして「効果がないから」、「忙しいから」やめようということになる。

Cのような"べき論"（反論の余地がないこと）は、意見の上位者でしかないマネジャーがメンバーへ押しつけるのは少し"きつい"感じがする。

エピローグ

あなたのマネジャー能力を診断します

マネジャー能力診断のやり方

36のケーススタディは終わったでしょうか。

あなたが選択したAからDの点数を通して、自らのマネジャー能力を別添のCD-ROMまたはこの後のシートを使って評価してみましょう。
そのうえでマネジャーの人も、マネジャー予備軍の人も自らの強みを知ってそれを生かし、自らの弱みを知ってそれを補って、良いマネジャーへと成長してください。

評価項目は次の3分野、10項目です。

1．マネジメント力
マネジメントを遂行していく力を見るものです。
計画力、実行力、評価力の3項目を評価します。

2．組織力
組織人としてのマネジャーの能力を見るものです。
経営パートナーシップ、リーダーシップ、人材育成力、チームワークの4項目を評価します。

3．資質
マネジャーに求められる基本的な能力を見るものです。
問題解決力、判断力、倫理観の3項目を評価します。

〔CD‐ROMを使う場合〕

　CD-ROMの中のエクセルシートを開き、そこに各ケースで自分が取ったA～Dの選択肢を入力してください。そのうえで、シートの最下段にある"評価"というボタンをクリックすると、上の10項目の評価点およびコメントが表示されます。さらにこれらの項目がレーダーチャートとして表示されますので、自らの能力バランスを考えてみてください。

〔CD‐ROMを使わない場合〕

　各項目ごとに書いてある「対象ケースNo.」に該当するケースの、あなたの得点を積み上げてください。

　各項目100点満点で、あなたの合計点が計算されます。その合計点でA～Eの5ランクに分けられます。自分がどのランクかを確認し、自らのランクのコメントを読んで参考にしてください。

　最後にレーダーチャートに点数を記入し、自らの能力バランスを考えてみてください。

マネジメント力

計画力	自らがおかれている状況を把握し、マネジャーとしての計画を立案し、それによって上司から権限委譲を受ける力

対象ケースNo.	6	7	8	9	10	11	12	13	15	16
	10	2	3	1	2	0	0	3	3	2

(手書き: 34)

点数／評価	コメント
100〜91点 A	マネジャーとしてもっとも大切な能力である計画力が極めて優れています。あなたのこの計画力を生かし、計画を立てていくのはもちろんのこと、自らの組織内で上司から権限委譲をどんどん求めましょう。そうすればマネジャーから、さらにキャリアアップして経営者としての道も見えてくるでしょう。
90〜75点 B	マネジャーとして、マネジメントサイクルのPLANに対する考え方は概ね理解しています。ただし点数が低かったケースがNo.6、No.7、No.8の場合は権限委譲および計画とは何かをもう一度しっかり学習する必要があります。該当部分の解説をしっかり読んでください。それ以外の方は点数が低かったテーマ（費用対効果、目標など）についてその考え方に合意してください。
74〜61点 C	マネジャーとしての計画力は平均レベルといえます。ただこれ以外の能力項目の点数が高く（A、Bのランクが多く）、この計画力だけが低い場合は要注意です。時とともにマネジャーとしての全体能力が落ちていく可能性が高いといえます。そうでない方も含めて、点数が低かったケースについて1つ1つ解説を読み、自分のものにしてください。
60〜45点 D	マネジャーとして計画力、というよりも計画に対する考え方に問題があります。特にNo.6、No.7、No.8のケースの点数がすべて低い場合は要注意です。まずはマネジメントサイクルの意味、計画とは何か、権限委譲とはいかにしてなされるかをもう一度考えてみてください。このままの状態でマネジャーを担当したり、続けていくのは危険です。
44〜0点 E (手書き: 9)	ほとんどのケースで10点の選択肢を選べなかったと思われます。もし今マネジャーとしてマネジメントをしているとすれば大問題です。マネジャーもマネジャーになっていない人も、まずはマネジャーとしての計画のあり方をもう一度整理してください。そして現代のマネジャー像をとらえてみてください。そのうえでもう一度この10ケースにチャレンジしてみてください。

マネジメント力

実行力	自らが作成した計画をメンバーとともにスムーズに実行していく力、その実行をコントロールしていく力、およびその意欲

対象ケースNo.	2	5	11	13	15	17	23	26	29	32

点数／評価	コメント
100～85点 **A**	マネジャーとして実行意欲、実行責任があり、まわりに「計画をやり遂げてくれる」という期待感を持たせることができます。あわせて計画力が高ければ問題なし。計画力が低い場合は、この実行力の高さが逆にますます計画力を落としていく可能性があります。計画力のアップを早急に考えてください。
84～70点 **B**	実行力に関しては平均的マネジャーよりもやや上にあります。計画力、評価力の点数とこの実行力の点数を比較してみてください。もしこの実行力の方が高い時は、自らの計画についてよく考えてみてください。「何が何でもやる」という気持ちが強すぎることが多いといえます。均等に上位ランクにあればマネジメント力のバランスがよくとれています。実行力が少し低い場合はまわりに「口だけ」「クール」という印象を与えていることがあると思いますので気をつけましょう。
69～50点 **C**	マネジャーとしての実行力は平均レベルにあると思います。計画力、評価力の点数とこの実行力の点数を比較してみてください。計画力、評価力がB以上の場合は、せっかくこの2つが高いのに上司、プレイヤーからの信頼感を得られないことが多いといえます。全体としてCランク程度であれば、まずは計画力のケースから見直してください。次に評価力、最後に実行力について考えてみてください。
49～35点 **D**	マネジャーとしては実行力に大きな問題があります。その原因はマネジメントサイクルに対する誤解です。もう1度PDSの意味を考え、実行力のケースだけでなくシーン2、シーン3の各ケースについてすべて見直しをしてください。
34～0点 **E**	マネジメントについての理解が全くといってよいほどありません。実行に関するケースを考え直すのではなく、もう一度シーン1、シーン2、シーン3の順にじっくりケースを読み、その解説を理解してください。

マネジメント力

評価力	マネジメントサイクルにおける SEE（CHECK、ACTION）、および人、状況を評価する力。冷静な目がこれを支える。

対象ケースNo.	9	10	11	12	14	15	20	21	26	34
点数／評価	コメント										

点数／評価	コメント
100〜91点 **A**	マネジャーとして仕事、人、状況を評価する力は極めて高く、物事を冷静に見る目を持っています。ただ実行力が低い時は評論家的だと見られ、この能力を発揮できないこともありますので注意しましょう。また点数の低かったケースがあればもう一度考えてみてください。多くの場合、そのケースが身近すぎて近視眼的に評価していることがその原因だと思います。
90〜75点 **B**	マネジャーとして仕事、人、状況を評価する力は高いといえます。評価の考え方をよく理解しているためと思われます。ただし、状況によってはその能力が発揮できないことがあると考えられます。点数の低かったケースをもう一度考えてみてください。多くの場合、そのケースが身近すぎて近視眼的に評価していることがその原因だと思います。
74〜61点 **C**	マネジャーとして評価する力が平均的、または仕事、人、状況を評価する場合そのパフォーマンスがばらついていると考えられます。全体として点数が低めの方は評価力について考える前に計画力のケースをもう一度考えてみてください。評価力の前提は計画力です。ばらついている方は点数が低いケースをもう少し冷静な目で、第三者として見てください。多くの場合、そのケースが身近すぎて近視眼的に評価していることがその原因だと思います。
60〜45点 **D**	マネジャーとしての評価力に大きな問題があります。おそらく計画力の得点も低いと思われます。まずはこの10ケースを「評価」という目で見ず、「計画」という目で見てください。「良い計画」という考えがわかれば評価の本質が見えてくると思います。計画力の得点が比較的高い場合は、今回点数が低かったケースをもう一度冷静な目で見てください。多くの場合、そのケースが身近すぎて近視眼的に評価していることがその原因だと思います。
44〜0点 **E**	マネジャーとしての"評価"そのものについて誤解しています。PDCAのCHECK、ACTIONの意味をしっかり理解する必要があります。そのためにPLAN、権限委譲についてまずは理解して、そのうえでこの10ケースを通して評価の意味をしっかり理解してください。

組織力	
経営パートナーシップ	企業組織においてマネジャーは経営者から見ると戦略パートナーと位置づけられる。このパートナーとしてのスタンスを適確にとる力。
対象ケースNo.	2₃ 3₃ 4₁₀ 5₀ 6₁₀ 7₂ 13₃ 16₇ 33₄ 36₃　　45
点数／評価	コメント
100～85点 **A**	経営者の考えていることをよく理解し、戦略パートナーたるマネジャーとしてのスタンスをとることができます。自らが経営戦略を理解していることをまわりにもアピールしましょう。そしてその力が発揮できるポジションをつかんでください。
84～76点 **B**	組織におけるマネジャーのスタンスは概ね理解していると思います。ただし点数の低いケースがNo.3、No.4、No.5の時は注意が必要です。この場合、頭では理解していても、現場でこのスタンスがとれない危険があります。解説部分をしっかり読んで、もう一度マネジャーの立場で考えてみてください。それ以外の点数が低い人は当該部分の解説を読んで合意してください。
69～50点 **C**	点数が全体として低い場合（10点満点のケースがほとんどない）は、マネジャーとしてのスタンスを誤解していることが考えられます。ケースNo.3、No.4、No.5についてもう一度よく考え、解説を読んでこの考え方に合意してください。点数にばらつきがある場合でNo.3、No.4、No.5のケースの点数が低い場合はその解説をしっかり読んで合意してください。それ以外のケースの点数が低い場合は経営者としての立場でケースを読んでください。
49～30点 **D**	現代のマネジャーとしてのスタンスを誤解しています。このままマネジャーになったり、続けていると危険です。経営者との溝が深まっていくリスクが高いといえます。まずマネジャーとはどんな存在なのかを考え、なぜ経営者はマネジャーにパートナーシップを求めているかをこのケースを通して考えてみてください。
29～0点 **E**	マネジャーとして、本書とは別の考え方、組織上のスタンスを目指しているのだと思います。しかし今のあなたの会社のマネジャーが本書のようなスタンスになっていなくても、社会全体がどちらに向かっていくかを考えてみてください。そのうえで冷静にこのケースを読んでみてください。

組織力

リーダーシップ	チームのリーダーとしてメンバーを一定の方向にリードしていく気持ち、およびそのリードしていく力。

対象ケースNo.	1	2	4	7	17	19	22	24	30	32
(記入)	10	3	10	2	10	10	10	1	1	10

合計 76

点数／評価	コメント
100〜85点 **A**	企業組織におけるマネジャーとして適切なリーダーシップを持っています。経営パートナーシップも点数が高ければ組織人としては文句なし。経営パートナーシップが低い時は、目線がやや下向きで、「現場ばかりを見ている」とまわりから思われがちです。物事を考える時、上下のバランスを意識しましょう。
○ **84〜70点** **B**	マネジャーの持つべきリーダーシップについて概ね理解しています。ただ点数が低いケースがNo.2、No.4の場合はやや目線が下向きすぎて、経営者からはリーダーシップがないと思われる危険があります。点数が低いケースがそれ以外の時は個々のケースについてもう一度考え、解説を理解してくれれば OK です。
69〜50点 **C**	10ケースが全体的に点数が低い場合は、もう一度組織におけるマネジャーということを考えてみてください。一体何を目指し、何をやる仕事なのかということです。そのうえでもう一度10ケースを考えてみてください。点にばらつきがあってNo.2、No.4のケースが低い時は経営者のパートナーシップという意味についてもう一度考えてみてください。それ以外のケースが低い時は個々のケースについてまわりの人の意見も聞いてみましょう。特にあなたがマネジャーなら部下の意見をよく聞いてみてください。
49〜21点 **D**	あなたがマネジャーなら、このままマネジャーとして部下に対しリーダーシップをとるのは危険です。チームに業績が出ている時はまだ OK ですが、業績が落ち込んだ時、リーダーシップが適切でないと部下に大きなストレスを与えることになります。リーダーシップとは何かをまずケースNo.17で考えてみてください。そのうえで他のケースを考えてみてください。
20〜0点 **E**	このケース10問で平均2点以下しか取れないのは問題外です。リーダーシップを完全に誤解しています。ケースNo.17をよく読み、まわりの人に（あなたがマネジャーなら部下に）リーダーシップについて意見を聞いてみてください。あなたの意見に同意する人はあまりいないと思います。

組織力		
人材育成力	マネジャーとして部下を「育てたい」という意欲、および育てることができそうという期待感をまわりに持たせる力。	
対象ケースNo.	18 10 20 0 21 10 22 10 23 3 24 10 25 10 26 10 33 4 35 3	70
点数／評価	コメント	
100～91点 A	あなたはもしかしたらまわりが「自分をどう見ているか」を心配しているかもしれませんが、部下やまわりの人はあなたのことを信頼しています。この信頼感と人を見る目の優しさが、あなたの人材育成力の源です。人材育成に関するあなたの意見をまわりにどんどん言いましょう。きっと受け入れられるはずです。	
90～75点 B	マネジャーとして、人を育てていく意欲、力ともあり、部下やまわりもそれを評価してくれていると思います。点数が低いケースについてもう一度考えてみてください。そして他のケースのことも考え合わせて回答してみてください（あなたの回答に一貫性がないはずです）。きっと10点の選択肢に合意できると思います。	
74～50点 C	点数の低いケースがNo.22～No.26に偏っている場合は「部下を育てる」ということの意味をもう一度考えてみてください。そのうえでこのケースを「育成される部下」の立場で考えてみてください。全体として点数にばらつきがある人は、人材育成についての考え方と実際にとる行動にちがいがあると思われます。この10ケースについてこれを通して読んでみてください。そのうえで人材育成について自分なりに理論武装をしてください。	
49～21点 D	ケースNo.22～No.26の点数がすべて低い場合は、人材育成を「育成される人の立場」で考えて、もう一度この5ケースを通して読んでみてください。そのうえで残りのケースを読み、解説を理解してください。No.22～No.26の中に高い点数がある人はその考え方を自分で確認し、それと同じ目で残りのケースを見て、人材育成について考え直してください。	
20～0点 E	10ケースで平均2点以下とは考えづらい結果です。人材育成に対する考え方が"おかしい"のだと思います。もしあなたがマネジャーなら、これでは育成される部下がかわいそうです。まずはケースNo.22、No.23の解説をしっかり読んでください。これに合意できない人は拙著『人材育成のセオリー』（同友館）を読んで考えてみてください。	

組織力

チームワーク	チームで働く時のマネジャーとしてのスタンスの適正度、およびリーダーとしてチームにシナジーをもたらす力。

| 対象ケースNo. | 1₁₀ | 17₁₀ | 18₁₀ | 19₁₀ | 27₄ | 31 | 32₁₀ | 34₁₀ | 35₃ | 36₃ | 80 |

点数／評価	コメント
100〜85点 **A**	チームワークとは何かをよく理解し、チームのムード、シナジーを高めていく力を持っています。リーダーシップの点数も高ければチームリーダーとしては文句なし。もしリーダーシップの点数が低ければ少し「和」を意識しすぎていると思います。あなたのチームワークの考え方で、リーダーシップで点数が低かったケースをもう一度見てください。
84〜70点 **B**	チームワークについては理解し、多くの場合にそれに合わせた行動をとることができると思います。ただしケースNo.32の点数が低い場合は、もう一度このケースで組織の考え方をじっくり考えてみてください。それに合意したらケースNo.1、No.18、No.19などをもう一度読んでください。ケースNo.32の点数が高い場合はこの考えをベースに点数の低いケースをもう一度読んでみてください。
69〜50点 **C**	チームワークについて局面、局面でちがう考え方をしていることが考えられます。まずケースNo.1、およびNo.32に書いてある解説の内容について合意してください。そのうえで残りのケースをこの考え方でもう一度読み直して、自らの意見を統一してください。
49〜21点 **D**	チームワークについて誤解があると思います。まずはケースNo.1、No.32をよく読んでこれに合意できるかを考えてみてください。合意できるのであれば問題ありません。残りのケースもこの考え方に沿って考えてみてください。合意できない時は、各ケースについてあなたのまわりの人に意見を聞いてみてください。多くの人は解説の内容に合意すると思います。
20〜0点 **E**	この10ケースについてすべて本書の考え方に合意できなかったことになります。しかし組織におけるチームワークについてすべて合意できないとは考えづらいところです。そもそもケースの設問主旨、点数の出し方などに誤解がないかをチェックしてみてください。

資質		
問題解決力	発生している問題やこれから発生しそうな問題に対して解決策を提示し、周囲からの同意を得る力。	
対象ケースNo.	6 8 9 12 27 28 29 30 31 34	
点数／評価	コメント	
100～91点 **A**	発生している問題やリスクをマネジャーとしてスピーディーに解決、処理する力を持っています。あなたの考えた解決策をレポートにしていく"くせ"をつければマネジャーとして大きなパフォーマンスを発揮するだけでなく、組織に大きな力をもたらすことができます。	
90～75点 **B**	マネジャーとしての問題解決力は高いといえます。ただしケースNo.28、No.30のケースのどちらかの点数が低い時は要注意です。普段、問題解決力が高いと思われているあなたが、「ここぞ」という時に大きなミスを犯す危険があります。この2つのケースについてはよく理解してください。この2つが10点の場合は、点数が低いケースについてよく状況を判断してみてください。きっと10点の選択肢が妥当と気づきます。	
74～61点 **C**	トラブルなどの問題発生時に結果のみを意識する傾向にあると思います。そのためトラブルへの対応について一定のパフォーマンスが出ません。問題解決においては結果よりも「やり方」に着目すべきです。解説に書いてある問題解決技法についてよく学習してください。	
60～40点 **D**	ケースNo.27の解説に書いたように、問題解決にはほとんどのパターンで一定の「やり方」があります。これは人類の知恵のようなものです。各ケースでその技法と考え方を学んでください。そのうえでNo.28、No.30の解説については必ず合意してください。	
39～0点 **E**	この状態でマネジャーをやることは危険です。もしあなたがマネジャーならせめてケースNo.28、No.30については理解してください。そうでないと会社を破壊してしまう可能性があります。そのうえでケースを1つ1つ読んでみてください。	

資質		
判断力	さまざまな局面で、状況に応じてマネジャーとして適切な判断を下すことができる力。	
対象ケースNo.	3ₐ　4₁₀　10₂　14ₐ　23ₐ　25₁₀　27₆₀　28ₐ　29₄　30₁　43	
点数／評価	コメント	
A 100～91点	あらゆる局面でマネジャーとして適切な判断を下せる力を持っています。現実の局面でも冷静さを保ち、そのパフォーマンスを発揮してください。	
B 90～75点	ほとんどの局面でマネジャーとしての適切な判断を下す力を持っています。問題解決力の点数が低い人は重複部分をクリアすれば共にOKです。問題解決力の点数が高い人は、判断力の点数の低かったケースについて解説を読んで、その判断の妥当性を考えてみてください。きっと合意できると思います。	
C 74～61点	問題解決力の点数が高く出た人（A、B）は、点数の低かった判断力のケースについてもう一度じっくり考えてみましょう。なぜ点数の高い選択肢が妥当なのかが理解できると思います。問題解決力の点数も低い人は問題解決技法をよく理解してから点数の低いケースを考えてみてください。	
D 60～40点	点数にバラツキがある人は点数の低い個々のケースをよく読み、その10点の選択肢の妥当性について、解説を読んで理解してください。全体として低い人はシーン2のマネジメントサイクル、シーン6のトラブル対応についてもう一度全般的にしっかり読み直してみてください。	
E 39～0点	マネジャーとして、この10ケースでほとんど10点を取れないというのは大問題です。個々の状況によるものではなく、基本的な判断力が欠けていると言わざるを得ません。すべてのケースについてもう一度解説を読んで、それからもう一度考えてみてください。	

資質		
倫理観	組織のリーダーたるマネジャーとして、道徳観、プライド、常識、コンプライアンスを兼ね備えているか。	
対象ケースNo.	1 (10)　3 (3)　5 (0)　18 (1V)　19 (10)　20 (0)　21 (10)　28 (3)　33 (4)　36	53
点数／評価	コメント	
100〜85点 **A**	マネジャーとして適正な倫理観を持ち、まわり（上司、部下、同僚、顧客、社会…）と適切に接していくことができると思います。企業から見ればあなたは「どこに出しても恥ずかしくないマネジャー」といえます。	
84〜70点 **B**	マネジャーとしての倫理観を持ち、まわりとフェアに接していくという基本的な力を持っています。点数が低かったケースについてはこの「あなたの倫理観」でもう一度考えてみてください。そしてその目は「どれが公正か」ということです。	
69〜50点 **C**	局面、局面で倫理観にバラツキがあります。企業人、そしてそのリーダーたるマネジャーが意思決定する時に、最優先させる"ものさし"は"公正さ"です。それは「不正ではないか」ということではなく、「どうすれば、より公正になるか」「まわりから公正と思われるか」という目です。点数の低いケースについてこの目で見てください。	
49〜30点 **D**	あなたが今マネジャーなら「公正さ」という点で大きな問題を抱えています。至急自らを振り返らないと「とりかえしのつかないトラブル」が起こる可能性があります。この10ケースについて1つ1つよく考えてみてください。	
29〜0点 **E**	この10ケースでこの点数になるとは少し考えづらいところですが、もし本当にこの状況なら仕事を続けていくこと自体にも問題があると思います。もう一度「企業とは」、「働くとは」どういうことかをじっくり考えてみてください。	

マネジャー能力診断チャート

自分の点数が該当するところに点を打ち、つなげてみましょう

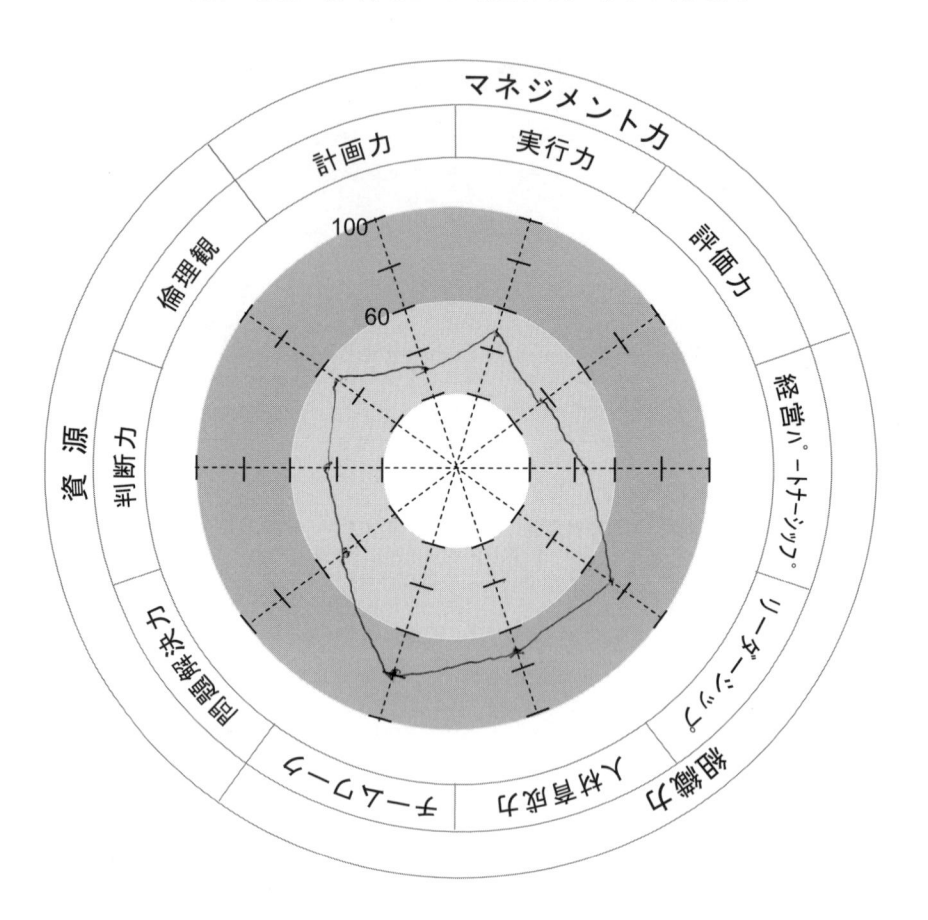

マネジメント力 / 計画力 / 実行力 / 評価力 / 経営パートナーシップ / リーダーシップ / 動機付け / 人材育成 / チームワーク / 問題解決力 / 判断力 / 資源 / 倫理観

60点が平均ラインです。あなたの能力バランスはどうでしたか？

■著者紹介

内山 力（うちやま　つとむ）

1955年　東京都生まれ
1979年　東京工業大学理学部情報科学科卒業，日本ビジネスコンサルタント
　　　　（現日立情報システムズ）入社。
　　　　その後退職してビジネスコンサルタントとして独立。
現　在　株式会社MCシステム研究所代表取締役
　　　　中小企業診断士，システム監査技術者，特種情報処理技術者
　　　　（URL）http://www.mcs-inst.co.jp

（著書）
『論理的な伝え方を身につける』，『「ビジネスの常識」が一冊でわかる本』，『会社の数字を科学する』，『誰でもできる！マーケティングリサーチ』，『「人事マネジメント」の基本』，『微分・積分を知らずに経営を語るな』（以上PHP研究所），『マネジメントは「理系的思考」でうまくいく』（日本能率協会マネジメントセンター），『数字を使える営業マンは仕事ができる』，『マネジャーが知っておきたい経営の常識』，『IT活用の基本』（以上日本経済新聞出版社），『「数学」を使えるビジネスマンはみな幸福である』（KKベストセラーズ），『コーポレート・イノベーション』，『「あなたの会社選び」をコンサルティングします』（以上産業能率大学出版部），『ビジネスマンの数字活用力向上講座』，『ビジネスマンのナレッジ基本編，専門編』，『組織を変革する手順』，『経営コンサルティングの基本』，『コンサルタント論』，『まわりから「仕事ができるね」と言われたい』，『企業の見方』，『コンサルティングセオリー』，『ソリューションビジネスのセオリー』，『ビジネスリーダーのセオリー』，『人材育成のセオリー』，『計数分析のセオリー』，『セールスのセオリー』（以上同友館），他多数

2008年8月8日　第1刷発行
2012年1月20日　第3刷発行

マネジャーのためのケーススタディブック

　　　　　　©著　者　内　山　　　力
　　　　　　　発行者　脇　坂　康　弘

発行所　株式会社　同友館

東京都文京区本郷 3-38-1
郵便番号　113-0033
電話　03(3813)3966
FAX　03(3818)2774
http://www.doyukan.co.jp/

落丁・乱丁本はお取替え致します。

装丁＝市川きよあき事務所
藤原印刷／東京美術紙工
Printed in Japan

ISBN978-4-496-04420-5

本書の内容を無断で複写・複製（コピー），引用することは，特定の場合を除き，著作者・出版社の権利侵害となります。

【基本編】ビジネスマンのナレッジ

KNOWLEDGE
ビジネスマンのナレッジ 基本版
会社 財務&会計 マーケティング

内山 力
Tsutomu Uchiyama

A5判 定価1,890円（税込）

これだけは知っておきたい
ビジネス知識の教科書

第1章 会社
会社の仕組、日本的株式会社、組織論、会社の変革

第2章 財務&会計
言葉の定義、財務、財務会計、管理会計

第3章 マーケティング
マーケティングの基本、競争マーケティング、カスタマーマーケティング、マーケティングシステム

KNOWLEDGE for Businessman

【専門編】ビジネスマンのナレッジ

KNOWLEDGE
ビジネスマンのナレッジ 専門版
IT 流通 生産 法律

A5判 定価2,100円（税込）

第1章 IT
ITの進化、データベースとセキュリティ、ITの活用

第2章 流通
流通の基本、商流、物流、流通情報システム、流通業態

第3章 生産
メーカーと生産計画、工場、品質管理、原価

第4章 法律
法律の基本、ビジネスに関する法律

同友館

ビジネスマンの数字活用力向上講座

内山 力 著
Tsutomu Uchiyama

A5判 200頁
定価 1,785円（税込）

ケースで学び、数字に強くなるトレーニングブック

数字アレルギーを払拭！

主な内容

- **Lesson 1** 数字の使い方の基本
- **Lesson 2** 明日を読む
- **Lesson 3** 数字と数字の関係を分析する
- **Lesson 4** 未来を確率で考える
- **Lesson 5** 数字で相手を説得する
- **Lesson 6** カネの未来を考える

同友館